KB081736

사랑, 그 절대성의 여정

사랑, 그 절대성의 여정

알랭 바디우의 『진리의 내재성』 읽기

박영진 지음

에디투스

서문

플라톤은 사랑이 갖는 중요성을 이렇게 선언한 바 있다. "사랑을 해보지 않은 자는 철학자가 될 수 없다." 이에 대해 프랑스 철학자 알랭 바디우Alain Badiou, 1937~는 이렇게 첨언한다. "철학자가 드문 이유가 바로 거기에 있습니다." 철학의 본령은 참된 삶의 가능성을 사유하는 데 있다. 그리고 참된 삶은 사랑이라는 독특한 진리의 버팀목 위에서 가능하다. 그러나 오늘날 그 누가 사랑을 진리라는 이름으로 부를 용기를 낼 수 있는가? 인간 동물의 세계에서 감정·관계·관습·제도·돈·섹슈얼리티로서의 사랑은 그토록 흔한 반면, 진리로서의 사랑은 매우 드물다. 실제로 동시대 한국사회에서 진리로서의 사랑은 여러 가지 부정적인 요소에 의해 소외되고 가려져 있다. 외모지상주의는 사랑을 성적 매력으로 환원하고, 연애자본은 사랑에 자격을 내걸어 계층 분할을 야기하며, 결혼 규범은 자유로운 주체 간의 공동체 구축보다 집안배경이라는 계산적 조건에 따른 거래를 양산하고, N포 세대는 사랑은 커녕 연애할 기회조차 박탈당하며, 젠더 갈등은 사랑의 재료로 활용되어야 할 성적 차이를 양성 혐오로 변형시킨다. 여기서 사랑은 낭만주의적 신비로 격상되거나 동물적 섹슈얼리티로 격하되는데, 이 두 가지 길 모두 사랑을 소외시키고 사랑의 상실을 가속화할 뿐이다.

이런 상황에서 바디우의 철학은 우리로 하여금 사랑이 지닌 무한히 긍정적인 가능성을 타진할 수 있게 해준다. 그의 철학을 통해 우리는 사랑이 결핍·환상·이별·죽음과 같은 유한성의 테마로부터 구분될 뿐만 아니라 외모·능력·학벌·집안과 같은 세속적 잣대로도 환원되지 않는, 절대성의 여정이라는 인문학적 성찰을 끌어낼 수 있다. 특히 바디우의 근작 『진리의 내재성L'Immanence des vérités』(2018)에서는 유한과 무한의 변증법을 거치며 작품이라는 진리로 구현되는 사랑에 대한 그의 성찰을 엿볼 수 있다. 이에 필자는 이 책을 배경 삼아 절대성의 여정으로서의 사랑을 이야기해보려고 한다.

차례

들어가며

플라톤의 동굴 비유를 상기하자. 동굴 안의 죄수들은 권력 담론이 횃불로 비추고 있는 그림자밖에 볼 수 없다. 그런데 죄수들 가운데 어떤 이가 동굴 바깥으로 나와서 사물의 실상인 이데아의 세계를 목격한다. 그는 동굴로 되돌아가 죄수들에게 자신이 경험한 것을 이야기하지만 죄수들은 그를 미치광이로 몰아세울 뿐이다. 그리고 아마도 권력은 젊은이들을 타락시킨다는 명목으로 그를 단죄했을 것이다. 부와 명예를 추구하는 것과 다른 종류의 삶, 즉 숙고하고 성찰하는 삶을 설파하던 소크라테스가 사형선고를 받은 것처럼 말이다.

바디우의 『진리의 내재성』은 동굴의 비유를 다시 써보려는 기획이다. 이 점은 책의 구성에서부터 명확히 드러난다. 서론과 결론을 제외하면 책은 총 9개의 장으로 나뉜다. 유한성의 고전적 형식을 다루는 1장, 유한성의 현대적 형식을 다루는 2장, 무한성의 주권을 다루는 3장, 절대성을 본격적으로 다루는 4장, 유한성의 외피가 해체되는 조건을 다루는 5장, 절대성의 부동성을 다루는 6장, 진리의 작품에 대한 이론을 제시하는 7장, 대상적인 측면이 부각되는 진리의 작품(예술·과학)을 다루는 8장, 주체적인 측면이 부각되는 진리의 작품(사랑·정치)을 다루는 9장으로 말이다. 다시 말해 『진리의 내재성』은 유한성에 대한 분석과 비판에서 시작해 무한성의 왕국에 대한 탐사를 거쳐, 유한함에도 불구하고 무한성을 향해 열려 있는 작품을 해명하는 것으로 종결된다. 기본 골격은 '유한-무한-작품'으로 요약될 수 있으며, 절대성의 여정은 유한과 무한의 변증법이 작품이라는 형태의 진리로 실현되는 과정으로 볼 수 있다. 사랑에 대한 우리의 탐색 역시 같은 여정을 따를 것이다.

1. 유한성

동시대 세계에는 유한성의 그림자가 짙게 드리워져 있다. 인간의 필멸성, 역사의 종말, 거대서사의 붕괴, 주체의 죽음, 진리의 부정, 탈진실post-truth, 절대성의 기각, 상대주의와 회의주의 등 유한성을 지지하는 화두가 차고도 넘친다. 그런데 유한성이 범람하는 동시대 현상의 배후에는 고전적이고 개념적인 뿌리가 있다. 바디우가 유한성의 테제에 여섯 가지 철학적인 뿌리가 있다고 본 것도 이와 같은 맥락이다. 정체성·반복·악·필연성· 신·죽음이 그것이다.

1.1. 정체성

우리는 모두 정체성을 찾기 위해 끝없이 노력한다. 동시대 세계에서는 자아·가족·국가·인종·종교·문화 등의 장치를 통해 특정한 정체성이 끝없이 생산된다. 그런데 플라톤이 『소피스트』에서 논증한 것처럼, 모든 정체성은 동일자le même와 타자l'autre의 변증법을 통과한다. 동일자는 결코 완전히 폐쇄적일 수 없으며 모종의 타자에게 노출된다. 나의 정체성[동일성]identité은 타자와의 관계를 통해 형성되고, 타자성은 정체성을 구성하는 실질적인 성분이다. 그런데 나의 정체성에 집착할 때, 나의 정체성만 강요할 때, 나의 정체성을 고정되거나 주어진 것으로 착각할 때, 나는 타자를 부정하게 되고 유한성에 매몰된다.

바디우에 따르면 동일자와 타자 간에는 세 가지 논리가 가능하다. 첫째는 고전주의적 논리로, 여기서는 무모순율(어떤 명제와 그 명제의 부정은 동시에 성립할 수 없다)이 인정되기 때문에 동일자와 타자는 적대 관계에 놓인다. 둘째는 직관주의적 논리로, 여기서는 무모순율은 인정되지만 배중률(긍정도 부정도 아닌 세 번째 입장은 배제된다)은 인정되지 않기 때문에 동일자와 타자는 협상 관계에 놓인다. 셋째는 초일관 논리로, 여기서는 무모순율과 배중률 모두 인정되지 않기 때문에 동일자와 타자는 공존 관계에 놓인다. 요컨대 동일자와 타자 간에는 적대·협상·공존 관계가 가능하며, 첫 번째 관계에서 세 번째 관계로 갈수록 동일자와 타자 간에 서로를 부정하려는 힘은 약화된다. 여기서 바디우는 부부 간 설거지를 예로 든다. 만약 아내가 설거지만은 죽어도 하기 싫어하는데 남편이 설거지를 기꺼이 할 수 있다면, 이는 초일관 논리의 공존에 부합한다. 그러다 남편이 설거지 노동에 너무 지쳐서 가사 분담 규칙을 정하자고 제안한다면, 직관주의적 논리의 협상이 시작된다. 만약 아내가 결단코 설거지를 할 수 없다고 더 이상 같이 못 살겠다고 말한다면, 이는 고전주의적 논리의 적대에 해당한다. 물론 부부는 이런 적대적인 상황이 결별로 치닫지 않도록 그들만의 해법을 만들 수 있고 또 만들어 가야 한다. 결혼 생활의 묘는 어떻게 자신의 동일성에 갇히지 않으면서 동일자-타자 간의 세 가지 논리적 관계를 운용하는가에 달려 있는 것이다.

설거지 사례에서 드러나듯, 동일자와 타자 문제 및 정체성 문제는 단순히 논리적이지 않다. 그것은 인간의 삶을 관통하는 실존적인 문제다. 파스칼Blaise Pascal, 1623~1662은 "자아는 혐오스럽다"라고 토로한 바 있다. 그는 너무나 무거운 족쇄인 동시에 깃털처럼 가벼운 자아의 아이러니한 유한성을 체감했던 것일까? 그의 토로는 혐오스럽지만 결코 벗어버릴 수 없는 자아와의 투쟁이 갖는 불가피한 고통을 암시하는 것일까? 이와 관련해 미국 시인 에밀리 디킨슨Emily Dickinson, 1830~1886은 자신의 시에서 한결 위트 있는 비유를 제시한다.

> 난 무명인입니다! 당신은요?
> 당신도 무명인이신가요?
> 그럼 우리 둘이 똑같네요!
> 말하지 마세요! 우릴 쫓아낼 거예요.
>
> 얼마나 끔찍할까요, 유명인이 된다는 건!
> 얼마나 요란할까요, 개구리처럼
> 긴긴 6월 내내 감탄하는 늪에 대고
> 자기 이름을 외쳐대는 것은![1]

동시대 세계는 정체 모를 무명인을 구속하고 추방한다. 그런데 아이러니하게도 이름을 갖는다는 것, 즉 유명인이 되는 것은 마치 개골개골 외쳐대는 "개구리"가 되는 것처럼 요란하고 끔찍한 일이다. 이에 반해 사랑이라는 행위는 일종의 무명인이 되어 또 다른 무명인과 함께하는 일이다. 그것은 비인칭성impersonnalité의 공동체를 구성하는 것, 유한한 정체성을 벗어

1 Alain Badiou, *L'Immanence des vérités*, Paris: Fayard, 2018, pp. 132~133에서 재인용.

버린 이름 없는 둘이 되는 것이다.

1.2. 반복

반복은 인간 심리와 사회에 뿌리박혀 있다. 무의식의 기본 구조는 반복이다. 우리는 부모의 삶을 반복하고, 같은 실수를 되풀이하고, 특정한 연애패턴을 만들어내고, 동일한 증상의 쳇바퀴를 굴린다. 반복의 틀에서 벗어날 수 없음을 느낄 때, 인간은 유한성을 절감한다. 사회경제적 차원에서 보면 현대인의 삶은 '사기'와 '팔기'의 반복에서 결코 벗어날 수 없다. 우리는 때로는 구매자가 되고 때로는 판매자가 된다. 그리고 소비자와 판매자 사이에는 오직 물건과 서비스만 있을 뿐이다. 사회는 자본의 흐름을 통해 통합되지만 그것은 구매자와 판매자 간의 실질적인 단절을 전제로 했을 때뿐이다.

프랑스 극작가 베르나르마리 콜테스Bernard-Marie Koltès, 1948~1989는 '사는 자'와 '파는 자' 사이의 끝없이 엇갈리는 대화를 통해 동시대 세계의 단면을 묘사한 바 있다. 사는 자가 무엇을 사고 싶어하는지, 파는 자가 무엇을 팔고 싶어하는지 아무 것도 명확하지 않은 상황에서, "손님"은 끝내 "딜러"에게 이렇게 말한다.

> 난 말이죠, 당신을 모욕할 생각도, 기쁘게 할 생각도 없습니다. 친절하게 굴거나, 못되게 굴거나, 때리거나, 얻어맞거나, 유혹하거나, 당신에게 유혹당하고 싶은 생각도 없습니다. 난 그저 제로고 싶습니다. 난 따뜻한 온정도 싫고, 남과 반드시 친해져야 한다는 사명감도 없고, 주먹질이라는 폭력 이상으

로 우정이라는 폭력을 두려워한단 말입니다. 그러니 서로 비집고 들어갈 수도 없고, 그저 잠시 나란히 놓여 있다가 각자의 방향으로 굴러가는 그런 두 개의 제로가 됩시다. 정의할 수 없는 시공간인 이 시간과 이 장소의 끝없는 고독 속에서 우린 혼잡니다.[2]

그렇다면 고독을 유발하는 이러한 반복과 다른 종류의 반복은 없을까? 쇠렌 오뷔에 키르케고르Kierkegaard, Søren Aabye, 1813~1855는 삶이 곧 반복이며, 반복은 여러 가지 성격을 갖는다고 말한다. 우선 반복은 형이상학적이다. 그것은 우리로 하여금 지금 있는 것과 예전에 있었던 것 간의 관계를 검토하게 만들기 때문이다. 또 반복은 윤리적이다. 그것은 우리가 다양한 상황 속에서도 고수해야 할 규칙을 제시하기 때문이다. 또 반복은 교의학적이다. 그것은 우리가 무상한 현실을 신적인 영원성의 잣대를 통해 관조하도록 이끌기 때문이다. 그런데 키르케고르는 자신이 사랑했던 레기네Régine와의 파혼 이후에 『반복』을 썼다. 얼마 뒤에 그는 레기네가 다른 남자와 약혼한다는 소식을 전해 듣는다. 레기네의 약혼 소식은 그에게 큰 충격이었다.

콜테스와 키르케고르를 검토하면서 바디우는 반복을 두 가지로 구분한다. 하나는 순환적인 반복(사고팔기)이고, 다른 하나는 창조적인 반복이다. 그리고 창조적인 반복은 반복 불가능한 것과 맞닿아 있다. 레기네의 반복된 약혼 너머에서 반

2 베르나르마리 콜테스, 『목화밭의 고독 속에서』, 임수현 옮김, 민음사, 2005년, 68~69쪽.

복 불가능하다고 긍정된 것은 무엇인가? 그것은 레기네에 대한 키르케고르의 사랑이다.

『반복』의 흐름을 간략히 살펴보자. 책의 서두에서 키르케고르는 "회상의 사랑"이 사랑을 시작할 때부터 사랑의 끝을 미리부터 걱정하는 멜랑꼴리의 상태라면, "반복의 사랑"은 죽음을 생명력으로 전환시킬 수 있는 행복의 상태라고 지적한다. 그러나 그는 점차 반복은 없다는 회의감에 젖어든다. 가령 강박증자였던 그는 모든 물건이 제자리에 있기를 원해서 자신이 집을 비운 동안 물건의 위치가 달라지지 않도록 하기 위해 하인에게 청소를 하지 말라고 했다. 그런데 집에 돌아와 하인이 대청소하는 것을 본 후 충격을 받아 반복이 불가능함을 깨닫는다. 그러나 책의 마지막에 이르러 키르케고르는 자신이 반복을 획득했다고 말한다. 실연의 상처에서 벗어나 자기 자신을 되찾았다는 것이다. 그는 다른 남자와 약혼한 레기네를 잃어버린 상황에서 그녀를 원망하기보다는 사랑의 이데아를 계속 간직하기로 한다. "나는 절망의 외로움 속에 빠져 있던 나의 영혼을 구해준 그녀를 위하여 건배를 들겠습니다. 여성의 너그러움에 영광이 있을지어다!—사상의 비상이여, 만세! 이데아에게 봉사하는 생명의 모험이여, 만세!"[3]

키르케고르에게 창조적인 반복의 열쇠는 유한한 생명 너머에서 이데아의 불멸성을 긍정하는 데 있다. 이데아의 불멸성이 지나치게 심오하게 들린다면, 독일 시인 파울 첼란Paul Celan, 1920~1970의 시에 나온 원반 던지기의 이미지와 함께 보다 간

3 쇠얀 키에르케고어, 『반복/현대의 비판』, 임춘갑 옮김, 치우, 2011년, 186쪽.

명한 지침을 구할 수 있을 것이다.

> 원반,
> 예견으로 수놓인,
> 당신을 던져라.
> 당신 바깥으로.[4]

반복의 유한성을 벗어나는 것, 이는 우리의 삶 깊숙이 자리 잡은 모종의 중심 바깥으로 우리 자신을 한번 던져 보는 것이다. 관성적이지 않은 원심력이 그려지도록, 기존의 궤도로부터 이탈하여 예견 불가능한 경로로 흘러가는 원반이 새로움을 수놓도록 말이다.

1.3. 악

선악이란 무엇이며, 악은 어떻게 인간의 유한성을 부추기고 강화시키는가? 바디우는 오늘날 절대다수가 악을 회피하는 데 골몰할 뿐, 그 누구도 선을 적극적으로 추구하지 않는다고 지적한다. 그에 따르면 유한성의 테제는 선악의 상관관계에 대해 세 가지를 주장한다. 첫째, 선의 본질은 악의 부정이다. 즉, 선은 그 자체로는 존재하지 않는다. 둘째, 선의 기능은 악을 공격하고 파괴하는 것이다. 선은 악에 맞서야 할 의무를 떠맡는다. 셋째, 선은 곧 차악이다. 즉, 유일한 선택지는 최악과 차

---

4 Badiou, *L'Immanence des vérités*, p. 151에서 재인용.

악 사이에 있는데 여기서 선은 선택지에서 제외된다. 이러한 주장들은 모두 악의 선재성을 함축한다. 악이 우선이며 선은 나중에 온다. 세계의 법칙을 이루는 것은 악이다. 요컨대 선은 그 자체의 실정성이 비워진 상태로, 악의 부재로, 악을 제압해야 하는 힘으로, 차악이라는 불가피한 선택지로 존재하는 것이다.

이에 대해 바디우는 정반대 테제를 제기한다. 첫째, 악이 존재하는 것은 오직 선이 존재함으로써다. 선이 악의 부정이 아니라 오히려 악이 선의 부정이다. 둘째, 선은 악과 독립적으로 존재한다. 선은 악을 공격하는 것이 아니라 악과 이질적인 차원에서 작용함으로써 악이 스스로 소멸하게 한다. 셋째, 최악과 차악이라는 선택지는 선의 가능성을 무화하려는 허위적인 프레임에 불과하다. 가령 서구 미디어는 동시대 국제 정세와 관련하여 제국주의적 자본주의와 전근대적 근본주의라는 양자택일을 제시한다. 여기서 자본주의에도 구조적인 결함이 있다는 양보격의 단서와 함께 끝내 선의 길로 옹호되는 것은 제국주의적 자본주의다. 차악이 선이 되는 것이다.

여기서 쟁점은 선과 악에 대한 바디우식의 명확한 구분이 과연 사랑에서도 성립될 수 있는가다. 『윤리학』에서 바디우는 악의 세 가지 형태를 제시한 바 있다. '시뮬라크르(거짓 사건)', '배반(충실성의 부정)', '파국(명명할 수 없는 것을 명명하는 것)'이 그것이다. 이를 사랑에 적용시켜보자. 사랑이 악에 빠져드는 데는 세 가지 경우가 있다. 첫째, 내 존재의 규범 및 삶의 관성에서 벗어나는 사건적인 만남이 아니라 그저 내 성적 열정의 습관적이고 폭력적인 분출에 불과할 때, 이는 시뮬라크르에 해당한다. 둘째, 사건적인 만남의 결과를 충실하게 다듬

어감으로써 사랑의 세계를 주체적으로 구축하려는 노력을 포기할 때, 이는 배반에 해당한다. 셋째, 사랑이라는 진리의 권능을 맹신한 나머지 말할 수 없는 것(가령 성적 주이상스)마저 말할 수 있다고 간주할 때, 이는 파국에 해당한다. 요컨대 사랑하는 이가 진정한 만남을 식별하지 못할 때, 사랑의 세계를 구축하려는 용기를 저버릴 때, 사랑이 모든 것을 해결할 수 있다고 믿을 때 사랑은 악의 형상으로 출현한다.[5]

그렇다면 악으로서의 사랑은 선으로서의 사랑과 어떤 관계를 맺는가? 규범적 윤리가 아니라 경험적 실존의 차원에서 보면, 시뮬라크르·배반·파국은 명백히 존재한다. 물론 그것들은 사건·충실성·명명 불가능한 것에 대한 절제에 앞서서 존재하지 않는다. 그러나 우리는 선의 선재성 테제가 말하듯 사랑의 선이 사랑의 악에 선행한다고 말할 수 없다. 설령 사랑의 선을 사랑의 악으로부터 독립적인 것으로 볼 수 있다 해도 사랑의 과정에서 선과 악은 실질적으로 공존하기 때문이다. 따라서 악이라는 유한성의 형식이 사랑에서 명백히 작용함을 인정하면서, 그러나 동시에 사랑의 무한은 그 어떤 악으로도 지울

5 그러나 바디우는 명명 불가능한 것이라는 범주를 폐기하는데, 이는 그 범주가 진리의 무한성을 약화시키는 인상을 주기 때문이다. 마치 진리가 명명 불가능한 암초에 걸려서 더 이상 확장될 수 없는 것처럼 말이다. 그런데 『진리의 내재성』 역시 비록 그 핵심이 진리의 절대성에 있음에도 불구하고 진리에 접근할 때 요구되는 절제 및 유보를 또 다른 차원에서 역설한다. 파르메니데스의 직관에서처럼 절대성의 내적 운동은 불가능함을, 또 속성과 실체 간의 격차를 받아들여야 함을 지적하면서 말이다. 우리는 나중에 이 점으로 되돌아올 것이다.

수 없음을 긍정하면서 이렇게 말하자. 사랑은 선악과 무관한 것(니체)도 아니고, 선과 악을 분리시키는 징표(바디우)도 아니다. 사랑은 '선과 악'을 '선악'으로 압축시키고 선악을 가로지른다. 사랑은 선악의 뒤얽힘이다.

1.4. 필연성과 신

"이 모든 것은 신의 뜻이다"라고 말하면서 자신의 운명에 체념한 이를 떠올려보자. 필연에서 벗어날 수 없을 때 인간은 유한성을 절감한다. 하물며 그 필연이 신의 뜻에 의해 규정된다면 더욱 그러하다. 그렇다면 필연성과 신은 어떤 점에서 유한성의 작용소일까?

필연성과 관련하여 스피노자의 몇몇 테제를 살펴보자. 그의 기하학적 방more geometrico에 따르면, 어떤 유한한 사물의 존재방식은 다른 유한한 사물에 의해 결정되고, 이 다른 사물의 존재방식은 또 다른 사물에 의해 결정되는 식으로 끝없이 이어진다. 즉, 만물은 필연적이고 무한한 연쇄 안에서 존재한다. 다른 사물을 이러저러한 방식으로 작동하게 만드는 사물은 궁극적으로 신에 의해 결정된다. 신에 의해 결정되지 않는 사물은 그 어떤 것도 다른 사물에게 작용할 수 없다.

그런데 스피노자의 신은 세계 바깥에 존재하지 않는다. 신은 존재하는 것 전체와 다름없다. 따라서 신은 사물의 필연적인 연쇄에 내재적이다. 여기서 바디우는 스피노자가 필연적인 연쇄가 단절될 가능성, 즉 사건의 가능성을 금지했음을 지적한다. 스피노자의 체계에서는 우발성의 여지가 없다. 그에 따르면 신의 속성에서 나오는 모든 것 역시 필연적으로 존재해야 한다. 나아가 신이 자신의 뜻대로 사물의 연쇄를 조작하는 유일신이 아닌 사물의 연쇄에 내재적인 자연 전체인 이상, 세계의 필연성은 한층 더 강화된다. 그래서 혹자는 "신의 뜻이다"라고 말하기보다 "원래 그렇다"라며 망연자실한다. 무한과 유한은 전체를 규정하는 필연성을 배경으로 했을 때만 작동한다. 무한이 유한으로 진입할 가능성, 유한과 무한이 만날 가능성은 배제된다. 사물의 필연적인 연쇄에 예외를 만드는 지점, 즉 사건이 일어나는 국소적인 지점은 존재할 수 없다. 세계는 톱니바퀴처럼 돌아가는 거대한 울타리clôture다. 사건이 존재하지 않는 이러한 세계에서 인간은 자신의 유한성에 매몰된다. 원인 없는 결과, 즉 그 법칙을 식별할 수 없는 무언가가 일어날 수 없을 때 인간은 유한성에 대해 체념한다.

데카르트의 신 증명으로 넘어가자. 데카르트는 우리가 어떤 관념을 갖고 있다는 사실에서 출발한다. 그런데 모든 관념은 복합적인 측면을 지닌다. 모든 관념은 한편으로는 내생적이고 다른 한편으로는 외생적이다. 다시 말해 한편에는 관념으로서의 관념이 갖는 존재성이 있는가 하면, 다른 한편에는 그 관념이 결부된 사물이 갖는 존재성이 있다. 몇몇 관념을 검토한 이후에 데카르트는 신의 관념이 갖고 있는 예외적인 특징을 지적한다. 다른 모든 관념의 원인은 사유하는 실체res cogitans로서의 우리 자신에게 있다. 그러나 신의 관념에서만은 우리 자신이 그 관념의 원인일 수 없다. 완벽하고, 영원하고, 전지전능한 신의 관념이 지닌 강도는 우리와 그 어떤 공통분모도 갖지 않기 때문이다. 따라서 우리는 신의 관념의 창조자일 수 없다. 오직 신만이 우리의 정신 안에 신의 관념이 존재하는 원인일 수 있다. 신이 없다면 유한한 내가 무한한 신에 대한 관념을 가질 수 없다. 따라서 신은 존재한다.

여기서 바디우는 스피노자와 데카르트의 차이를 지적한다. 스피노자의 출발점이 '필연적 연쇄'라면, 데카르트의 출발점은 '사유하는 주체(코기토cogito)'다. 달리 말해 데카르트에게는 무한과 유한의 변증법이 불완전하게나마 출현한다. 신을 증명하는 출발점에 서 있을 때 코기토는 본질적으로 유한한 존재다. 그런데 신의 관념과 우연히 만남으로써 주체는 세계에 자기 홀로 존재하는 게 아니라 자기 바깥에 신이 존재한다는 결론에 도달한다. 주체가 유아론에서 벗어나 무한성의 차원으로 이동하는 것이다. 그렇지만 신이 자기 안에 존재하는 것이 아니기에 그는 여전히 유한성에 갇혀 있다. 무한을 만난 동시에 유한에 머무를 수밖에 없음을 깨닫는 데 코기토의 비극이 있다. 여기서 바디우는 데카르트의 신이 구현하는 외재적 무한성을 내재화해보자고 제안한다. "신은 무의식"이라는 자크 라캉Jacques Lacan, 1902~1981의 테제를 원용하여 바디우는 신의 관념에 포함된 신의 실재적 무한성은 초월적인 것이 아니라 무의식적인 것이라고 주장한다. 즉, 무한성은 무의식처럼 우리의 의식에는 포착되지 않지만 여전히 우리 안에 존재한다. 무한은 공허한 관념이 아니라 정신분석적 의미에서의 피억압물이다. 정신분석 작업에서는 무의식적인 기억을 회복하는 게 가능하다. 이와 유사하게 주체는 사건적인 만남을 통해 스스로 갖고 있었음에도 자신이 갖고 있는지 알지 못했던 어떤 능력을 회복할 수 있다.

그렇다면 유한성의 작용소로서의 스피노자적 필연성과 데카르트적 신은 사랑에 대해 어떤 함축을 지닐까? 스피노자는 "신에 대한 지적인 사랑Amor Dei Intellectualis"을 말한 바 있다. 그러나 사물의 필연적인 연쇄만 있다면, 우발적인 만남의 가능성이 봉쇄된다면 사랑의 주체는 도래하지 않는다. 그때 남은 것은 오직 자연이 자연을 낳으면서 신이 신 자신을 사랑하는 자기 폐쇄적 질서다. 여기서 우리는 사유와 연장의 속성을 지닌 유한 양태는 될 수 있겠지만, 사랑의 주체는 될 수 없다.

반면 데카르트의 경우 코기토는 신과 대면한다. 여기서 코기토와 신의 관계는 종교인과 신의 관계와 유사하다. 두 관계 모두 주체의 유한과 신의 무한 간의 뚜렷한 대비에 근거한다는 점에서 말이다. 따라서 코기토는 사랑이 아닌 경배나 믿음의 차원에 놓여 있다. 코기토는 무한이 신이 아니라 자기 안에 내재함을 알지 못한다. 코기토의 사랑은 유아론에서는 가까스로 벗어났지만, 끝내 유한성의 비극에서는 벗어나지 못한다. 요컨대 스피노자적 필연성은 사랑의 주체가 도래할 우연성을 제거하고, 데카르트적 신은 사랑의 주체에게 유한성의 비극을 각인시킨다.

1.5. 죽음

키르케고르에 따르면 지금까지 죽음에서 아무도 돌아오지 않은 것은 죽음이 우리를 붙들어 매고 설득하기 때문이다. 죽음의 수사학은 너무나 강력해서 그 누구도 반박하기 힘들다. "모든 사람은 죽는다-소크라테스는 사람이다-소크라테스는 죽는다"라는 명제는 죽음이 수사와 논리를 겸비한 최고의 변론가임을 은밀하게 시사한다. 실제로 죽음은 앞서 살펴본 유한성의 작용소들, 즉 정체성·반복·필연성·신이 수렴되는 하나의 장소로 기능한다. 어떤 사람이 누구인지, 그의 정체성이 무엇인지 확정되는 때는 그가 죽음에 이르러서다. 게다가 사람들의 반복되는 죽음은 죽음 앞에서 우리 모두가 똑같이 유한하다는 사실을 상기시킨다. 그리고 죽음은 우리가 우리 자신에 대해 필연적으로 확신할 수 있는 유일한 것이기도 하다. 또한 불멸성의 보증인으로서의 신은 우리의 필멸성을 부각시킨다. 이런 점에서 죽음은 유한성의 궁극적인 근거다.

하이데거는 인간을 죽음을 향한 존재로 규정한다. 『존재와 시간』에서 그가 죽음에 대해 논의한 부분을 상기하자. 현존재Dasein는 자신의 존재에 대해 물음을 갖는 특수한 종류의 존재자다. 그런데 죽음, 즉 현존재의 끝은 다른 존재자의 끝과 다르다. 죽음은 독특한 끝이다. 그것은 비가 내리다 그칠 때의 끝도 아니고, 빵을 다 먹어서 빵이 사라질 때의 끝도 아니고, 그림이 하나의 작품으로 완성될 때의 끝도 아니고, 막다른 길에 마주할 때의 끝도 아니다. 다시 말해 죽음은 사라짐·완성·마무리·중단이 아니다. 죽음은 인간이 존재하면서부터 받아들여야 하는 존재 방식이다. 인간의 삶에서 끝은 처음부터 내재해 있다. 인간은 처음부터 죽음을 향한다. 죽음은 인간의 삶에서 절대적인 무엇이다. 죽음은 인간의 유한성이 내재적임을 시사한다.

그러나 바디우는 죽음은 내재적인 게 아니라 외재적인 것이라고 말한다(바디우에게 내재적인 것은 죽음이나 유한성이 아니라 무한이다). 죽음은 처음부터 각인된 원칙으로 작용하는 게 아니라 어떤 특정 시점에 도래한다는 것이다. 나아가 바디우는 죽음에 대한 형식적인 정의를 제시한다. 죽음은 어떤 개인의 실존 강도가 특정 세계에서 제로 값이 되었음을 뜻한다. 여기서 핵심은 존재être와 실존existence을 구분하는 데 있다.

죽음은 존재의 문제가 아니라 실존의 문제다. 순수 다수로서의 존재는 형성되지도 파괴되지도 않는다. 무화될 수 있는 것은 실존일 뿐이다. 죽음을 다루기 위해 종교가 영혼의 불멸과 육체의 필멸 간의 구분에 의거한다면, 바디우는 존재론적 존재와 현상학적 실존 간의 구분에 의거한다. 모든 개인은 어떤 세계의 법칙이 규정하는 실존의 강도를 갖는다. 만약 그 개인이 죽는다면, 이는 그가 속했던 세계에서 그의 실존의 강도가 제로가 되었음을 뜻한다. 다른 모든 세계에서 그가 죽었는지는 확실치 않다. 그러나 적어도 그가 속한 세계에서는 죽은 것이다. 이런 점에서 하이데거적 죽음과 달리, 바디우적 죽음은 끝이나 유한성도 아니고, 사건이나 변화도 아니다. 그것은 변이variation 혹은 변모modification다. 그것은 통제 불가능하게 도래하는 것일지언정 특정 세계의 법칙 아래에서 규정되는 사태다. 그것은 파괴 불가능한 존재의 문제가 아니라 측정 가능한 값의 문제다.

그렇다면 유한성의 궁극적인 지지대로서의 죽음은 사랑에 어떤 영향을 미칠까? 그 어떤 강렬한 열정, 오래된 친밀감, 깊은 헌신으로 이루어진 사랑도 죽음의 도래만큼은 피할 수 없다. 나의 죽음 혹은 연인의 죽음으로 인해 사랑의 과정은 언제든지 중단될 수 있다. 죽음은 사랑의 내재적 한계를 구성한다. 그러나 이는 실존적 차원에서만 유효하다. 죽음은 존재의 차원에는 영향을 미칠 수 없다.

바디우를 원용하여 상징적 존재와 물리적 실존을 구분해 보자. 설령 연인의 죽음과 함께 내가 연인을 잃더라도 나는 연인의 상징적 존재를 품고 살아갈 수 있다. 연인과 만들었던 세계 속에서 그의 존재는 불멸한다. 그가 무화된 것은 현재 내가 속한 물리적 세계에서일 뿐, 그와 함께 구축했던 주체적 세계에서가 아니다. 설령 애도 과정을 통과하고 내가 다른 연인과 사랑에 빠짐으로써 그의 실존이 대체 가능해지더라도 그의 존재는 애도가 불가능하다. 만약 애도가 적절히 이루어지지 못해 연인의 상실이 나에게 병리적인 멜랑콜리를 유발한다면 그의 존재는 상징적인 것을 넘어 과도하게 실재적인 것이 된다. 그때 나는 어디에서든 죽은 연인의 그림자에 압도당한 채 (프로이트의 표현을 빌리자면 "자아에 대상의 그림자가 드리워진 채") 살아간다. 결국 애도에 성공하든 멜랑콜리에 빠지든 그의 존재는 지워지지 않는 것이다. 실존의 차원에서 사랑은 죽음이라는 한계에 직면하는 반면, 존재의 차원에서 사랑은 죽음을 거스르고 초과한다.

2. 현대적 유한성

2.1. 은폐

지금까지 여섯 가지 유한성의 작용소를 살펴보았다. 그런데 이 작용소들은 고전적이다. 오늘날 유한성은 새로운 방식으로 작동한다. 여섯 가지 작용소는 여전히 유효하지만 유한성의 작동 방식은 진화한 것이다. 고전적 유한이 무한에 노골적인 부정이나 억압의 방식으로 작용했다면, 현대적 유한은 무한에 전략적인 은폐나 왜곡의 방식으로 작용한다. 현대적 유한은 무한을 덧씌우고 덧칠하여 알아볼 수 없는 것으로 변형시킨다. 바디우는 이를 "은폐 작용opérations de recouvrement"으로 정의한다.

> 우리는 어떤 상황 안의 무한한 잠재성에 대한 모든 탐색을 중화시키는 것을 '은폐 작용'이라 부를 것이다. 지배 권력은 무한한 잠재성을 유한한 법칙 아래에 머무르도록 통제하고자 하며, 무한한 잠재성의 탐색에 대한 중화는 그 잠재성을 직접적이고 적대적으로 부인하는 것이 아니라 최초 상황의 유한한 가능성으로부터 끌어낸 고찰에 의해 이루어지며, 그러한 고찰은 모든 무한의 정립을 뒤덮어서 알아보기 힘들게 만든다.[6]

가령 정치의 영역에서 은폐는 어떻게 작용하는가? 은폐는 혁명의 알려지지 않은 가능성을 늘 존재해왔던 기득권을 향한 투쟁으로 환원시킨다. 은폐를 구현하는 정치적 주체로 우리는 '변절자'를 떠올릴 수 있다(바디우는 1980년대에 68혁명에 대한 배반을 공론화한 '신철학자들nouveaux philosophes'을 예로 든다). 변절자는 유한의 법칙을 초과하며 방황하는 자들에 대해 "우리도 젊은 시절에 다 시도해봤지만 부질없는 일이더라"라고 말한다. 그러면서 그는 사회변혁의 급진적 가능성에 눈감고 현존하는 체제를 차악으로 받아들이기를 종용한다.

그렇다면 사랑의 영역에서 은폐는 어떻게 작용하는가? 모든 연인이 경험을 통해 알고 있듯, 사랑에는 그 어떤 보증이나 담보도 없다. 사랑에 유일하게 확실한 것이 있다면 그것은 불확실성이다. 사랑은 항구적인 위기와 구조적인 시련 안에 있기에 늘 창조적으로 재발명되어야 한다. 연인들은 늘 "당신은 나를 더 이상 사랑하지 않아"에 반박해야 하고, 자신의 사랑을 실천으로 증명해야 한다. 이러한 불확실성이 한곳으로 집중되는 지점이 곧 '질투'다. 질투는 사랑의 영역에서 은폐의 기능을 떠맡는다. 마르셀 프루스트Marcel Proust, 1871~1922의 『잃어버린 시간을 찾아서』를 상기하자. 화자는 알베르틴에 대한 자신의 사랑을 질투를 느낌으로써 확인하고, 마르셀은 사랑을 질투와 동일시한다. 여기서 질투의 바깥에 있는 사랑의 무한성은 질투의 유한한 울타리에 갇힌다. 프루스트가 '포로prisonnier'라는 제목의 섹션을 쓴 것은 우연이 아니다. 사랑하는 이는 질투의

---

6 Badiou, *L'Immanence des vérités*, p. 223.

포로가 되는 것을 넘어서 종종 유령의 흔적을 찾아 헤매기도 한다. 임상심리학자 프랭크 탤리스Frank Tallis, 1958~는 질투형 망상장애를 가진 환자의 사례를 아래와 같이 제시한다.

"그레그가 우리 집으로 들어와 살기 전에 그이 집에 조금 일찍 가곤 했어요. 살펴볼 시간을 가지려고요."
"남자친구 물건을 살펴봤다고요?"
"아뇨……. 침대를 봤어요."
"뭘 찾으려고요?"
"그게…… 얼룩, 머리카락."
"흔적이군요……."
"네."
"그래서 뭘 찾았나요?"
"침대에는 항상 머리카락이 있었어요. 시트에서 집어 불빛에 비춰보고……."
"당신이 찾으려던 거였습니까?"
"항상 의심 가는 것들이 있었어요."
"또 뭘 했습니까?"
"베개 냄새를 맡았어요. 향수 냄새가 나는지 보려고요."

애니타는 있지도 않은 여자를 찾으려 했다.[7]

질투란 내 연인이라는 타자가 몰래 감추고 있는 또 다른 타

---

7 프랭크 탤리스, 『심리치료실에서 만난 사랑의 환자들』, 문희경 옮김, 어크로스, 2019년, 111쪽.

자가 있다고 믿는 것이다. 그런데 타자의 타자란 없다. 타자의 타자가 있다면 그것은 아마도 자아의 소유욕이 빚어낸 신기루일 것이다. 연적이 있든 없든 자아의 소유욕은 사랑을 그 내부로부터 부식시킨다. 텔리스의 분석에서처럼 어쩌면 타자의 타자란 유기 공포가 외면화된 허상일지도 모른다. 그리고 모든 공포는 사랑을 무한히 확장시키지 않고 안전에 집착하게 만든다. 결국 질투가 무엇에 근거하든 한 가지는 분명하다. 사랑은 질투에 의해 은폐된다.

2.2. 베케트: 은폐의 탈은폐

사뮈엘 베케트Samuel Beckett, 1906~1989의 작품에서 부정성은 늘 선명하게 부각된다. 오지 않는 구원부터 의미 없는 우주, 불확실한 실존, 침묵의 얼룩인 말, 고립된 코기토, 대지에 파묻힌 육체, 사라진 몸통, 정신의 잔해, 계속할 도리가 없는Nohow on 상황에 이르기까지 말이다. 그런데 바디우는 조금 다른 베케트를 추출해낸다. 베케트적 부정성의 핵심은 무한의 부정이 아닌 은폐의 부정에 있다. 베케트적 부정성은 목적적이지 않으며 도구적이다. 그의 작품은 무한을 은폐하는 것에 대한 반격, 즉 탈은폐découvrement를 명령한다. 그의 작품은 무한이 지배 이데올로기라는 조악한 옷을 입고 나타날 때 그 옷을 벗겨냄으로써 무한의 참된 가능성을 발견하고자 한다. 다만 이러한 탈은폐 및 발견 과정에는 극도의 고행과 노고가 수반된다. 왜 그럴까? 「풀피리 노래들mirlitonnades」의 한 구절을 보자.

밀물은 초래하는 바
만물은
만물로
동시에 존재하니
따라서 저기 저것으로
심지어 저기 저것으로도
그와 동시에
존재하지 않으니
그에 관해 말하자[8]

이 시는 "모든 것은 흐른다[만물유전]"라는 헤라클레이토스적 직관을 계승한다. 만물은 존재하고 또 존재하지 않는다. 존재보다 생성이 우선한다. 그런데 언어는 생성의 흐름 가운데에 있는 만물을 '저기 저것celle-là'이라고 부름으로써 그 위치와 의미를 지정하고 확정한다. 언어는 생성의 무한을 '저기 저것'으로 유한화한다. 베케트는 이 점에 관해 말해보자고 한다. 어떻게 언어라는 유한을 가지고 무한이 필연적으로 유한화된다는 사실에 대해 말할 수 있을까? 모든 말하기가 유한으로 점철된 '잘못 말하기miss-saying' 혹은 '잘 못 말하기ill-saying'라면, 어떻게 무한에 접목된 새로운 말하기가 가능할까? 이러한 고민이 압축된 결과물이 바로 그의 마지막 작품 「어떻게 말할까What is the Word/Comment Dire」다.

8 Badiou, *L'Immanence des vérités*, p. 231; 사뮈엘 베케트, 『에코의 뼈들 그리고 다른 침전물들/ 호로스코프 외/ 시들, 풀피리 노래들』, 김예령 옮김, 워크룸프레스, 2019년, 132쪽.

광기—

광기……라는—

……라는—

어떻게 말할까—

광기…… 이ce……라는—

……이래로—

광기…… 이 ……이래로—

주어진—

광기…… 주어진 ……라는 이—

보아—

광기…… 이……로 보아—

이……—

어떻게 말할까—

이것ceci[9]

바디우의 구분을 따라 읽어보자. '저기 저것'이 그 자리가 지정된 유한한 사물이라면, '이것ceci'은 그 자리가 확정되지 않으며 무한히 유동하는 만물이다. 그러나 베케트는 '이것'을 말하는 데 그치지 않는다. 이것도 저것도 아니며 끝내 어떤 '것'으로도 규정할 수 없는 '이…ce…'를 말하고자 하면서 베케트의 말하기는 이제 은폐를 뚫고 들어간다. 이에 세 가지 차원이 있다. '저기 저것', '이것' '이…….' 마지막 차원에서 베케트는 은

---

9 Badiou, *L'Immanence des vérités*, p. 233; 사뮈엘 베케트, 『에코의 뼈들 그리고 다른 침전물들/ 호로스코프 외/ 시들, 풀피리 노래들』, 124쪽.

폐로 인해 무한이 유한화된다는 점을 고발하면서 무한에 가닿는 새로운 말하기에 대해 열망하기를 멈추지 않는다. 여기서 은폐를 넘어서려는 욕망에는 광기라는 대가가 수반된다. 존재와 비존재가 뒤얽히는 무한을 언어화하려는 모든 자는 광기의 시련을 통과해야 한다. 그러나 베케트는 니체처럼 미치지 않는다. 아마도 그것은 베케트적 광기가 실존적이지 않고 기능적이기 때문일 터이다. 다시 말해 베케트적 광기는 유한에 가려져 있는 무한을 드러내고 유한으로부터 무한을 추출하는 기능, 은폐를 탈은폐시키는 탈주체적 기능을 한다. 어떻게 말할지 고민하다가 최악의 광기에 시달리며 극도로 방황하는 자는 끝내 그 고민을 포기하지 않는다. 오히려 그는 계속한다.

정면으로
최악을
그것이 우리를 웃게 할 때까지.[10]

베케트는 곧잘 이미 죽어 있는 것 같은 인물들을 등장시키곤 했다. 그러나 죽음mort에 대한 사유는 굴욕적인mortifiant 사유일 뿐이다. 죽음의 유한에 맞서 베케트는 최악의 무한을 견지한다. 그리고 최악pire에 대해 말하기는 계속되어야 한다. 그것이 우리를 최후의 웃음rire에 이르게 할 때까지 말이다.

---

10 Badiou, *L'Immanence des vérités*, p. 236에서 재인용.

2.3. 유한과 무한: 구성 가능한 것과 유적인 것

은폐란 무한을 기존 지식과 언어를 통해 정의 가능한 것으로 유한화하는 작용을 뜻한다. 은폐는 새로운 진리의 무한성을 기존 지식의 유한성으로 환원한다. 역으로 여기서 유한성에 대한 정의가 도출된다. 유한성이란 은폐에 의해 길들여진 모든 것이다. 바디우는 유한성에 대한 보다 형식적인 정의를 이렇게 제시한다.

> 어떤 집합의 모든 원소를 정의하는 것이 가능할 때 그 집합을 유한하다고 말하자. 이는 그 모든 원소가 우리 모두에게 이미 알려져 있고 잘 분류된 속성을 통해 지배적인 언어 안에 기입되어 있음을 뜻한다.[11]

집합론의 언어로 말하자면 유한성이란 '구성 가능한 것le constructible'을 가리킨다. 수학자 쿠르트 괴델Kurt Gödel, 1906~1978에 따르면 모든 집합은 구성 가능하다. 명확하게 정의할 수 있는 속성을 지닌 어떤 집합이 있을 때 그 집합을 기초 삼아 그다음 집합을 구성할 수 있으며, 이런 식으로 모든 집합을 구성하는 게 가능하다. 이 경우 유한은 집합론적으로 사유할 수 있는 모든 다수-존재에 적용되는 법칙이 된다. 유한이 절대화되는 것이다.

그러나 수학자 폴 코헨Paul Cohen, 1934~2007에 따르면 구성 불

---

11 같은 책, p. 237.

가능한 집합도 존재한다. 그 집합은 어떤 명확한 속성으로 묶이지 않는다. 그 집합의 원소들은 오직 그 집합에 속한다는 속성 외에 어떤 정의 가능한 속성도 갖지 않는다. 코헨은 이런 집합을 '유적인générique' 집합이라 부른다. 바디우의 전작 『존재와 사건』에서 유적인 집합이 갖는 이론적 중요성이 그 보편성에 있었다면(유적인 집합은 기존 상황의 어떤 특수한 분류 체계에 의해서도 식별되지 않는다), 『진리의 내재성』에서 유적인 집합이 갖는 중요성은 그 무한성에 있다. 유적인 집합은 은폐의 지배력에서 빠져나옴으로써 모든 것이 구성 가능하지 않음을 입증한다. 유적인 집합은 어떤 특수한 자리에 지정될 수 없는 방황의 힘을 시사한다. 유적인 집합은 약한 의미의 새로움, 즉 기존의 것에서 확장되는 것이 아닌 강한 의미의 새로움, 즉 기존의 것에서 단절된 것의 창안을 상징한다. 나아가 유적인 집합은 진리의 이론에서 중요한 함의를 갖는다. 유적인 집합은 진리란 유기적 전체성도 개념적 명확함도 아닌 '내재적 예외exceptions immanentes'임을 보여준다. 다시 말해 진리는 세계 안에 존재하지만 그 세계의 법칙을 벗어난다. 진리는 구성 가능한 것을 초월하는 신비가 아니면서도 구성 가능한 것의 한계로부터 창조되는 무한한 새로움이다.

여기서 바디우는 사랑의 문제로 나아간다. 가령 두 개의 유적인 집합이 있다고 해보자. 기존에 작동되는 지배적인 언어의 관점에서 보면 두 개의 유적인 집합은 구분되지 않으며 거의 동일하게 보인다. 그러나 실상 둘을 구성하는 원소의 측면에서 보면 그 둘은 매우 다르다. 집합론에서는 단 하나의 원소만 달라도 두 집합을 완전히 다른 것으로 만들기 때문이다. 그리고 만약 두 집합의 모든 원소가 동일하다면, 그것들은 결코

'두' 집합일 수 없다. 여기서 역설적인 결론이 나온다. 두 집합은 같은 동시에 다르다. 지배적인 언어의 관점에서 볼 때는 거의 같지만 실질적 구성에 있어서는 완전히 다르다. 그래서 두 집합은 같음과 다름의 기준을 교란시킨다. 유적인 둘은 우리가 하나의 볼펜을 센 뒤에 또 다른 볼펜을 셀 때의 둘이나 자연수 1 다음에 오는 자연수 2의 둘이 아니다. 유적인 둘은 그 둘이 어떻게 같고 다른지, 연속적인지 이산적인지 식별할 수 없는 둘이다.

> 같은 것과 다른 것의 이러한 유적인 양가성은 정치적 우애나 사랑과 관련해서 잘 알려져 있다. 사랑의 해석에 대한 모든 지성사는 다음 두 가지 사실 사이에서 동요한다. 한편으로 사랑의 놀라움은 식별 가능한 것, 즉 갑절이 된 **하나**le deux fois Un 안에서 계약이 일어난다는 사실에 있다. 다른 한편으로 사랑의 놀라움은 하나로 셈해지면서도 하나로 소멸되지 않는 독특한 **둘**un Deux singulier이 창조된다는 사실에 있다. 다음과 같이 말해보자. 한편에는 괴델식의 사랑이 있고, 다른 한편에는 코헨식의 사랑이 있다.[12]

괴델식의 사랑은 식별 가능한 하나 안에서의 계약을 통해 사랑에 명확함을 부여한다. 반면 코헨식의 사랑은 유적인 둘, 자연수적인 의미에서의 하나와 둘에서 벗어나는 둘, 같음과 다름의 질서를 무너뜨리는 둘을 통해 사랑에 창조성을 부여한

12 같은 책, p. 264.

다. 물론 우리에게 보다 흥미로운 것은 코헨식의 사랑이다. 그런데 코헨식의 사랑에는 유적인 둘에 근거한 수학자 코헨식의 사랑만 있는 게 아니다. 또 다른 코헨식의 사랑도 있다. 레너드 코헨Leonard Cohen, 1934~2016식의 사랑에서는 승자도 패자도 없고 오직 아름다운 패자만 있으며(『Beautiful Losers』(1966)), 사랑은 질병이 아닌 이상 치료가 불가능하다(〈Ain't No Cure For Love〉(1988)). 이렇듯 폴 코헨이든 레너드 코헨이든, 코헨식의 사랑에서는 독특한 둘이 형성된다. 그것은 같음과 다름, 승자와 패자, 질병과 치료를 뒤얽히게 만듦으로써 무한을 어루만지는 둘이다.

3. 무한의 왕국

구성 가능한 것으로서의 유한와 유적인 것으로서의 무한을 대비시킨 바디우는 이제 본격적으로 무한의 영역을 본격적으로 탐색한다. 게오르크 칸토어Georg Cantor, 1845~1918에서 연원한 집합론은 무한에 실정적인 사유를 허용함으로써 인간 실존의 유한성에 대한 가장 극적인 반례를 제공한다. 실제로 칸토어의 사유는 역사적 맥락에서 볼 때 너무나 급진적이었다. 칸토어 스스로 교황에게 자신의 입장이 이단에 해당하느냐고 자문할 정도였고, 혹자는 초한수transfinite를 가르치는 칸토어가 마치 소크라테스처럼 "젊은이들을 타락시킨다"라고 말하기도 했다. 기존의 수학계·철학계·종교계는 칸토어를 철저히 배격했다. 칸토어에 따르면, 무한은 기존 수학의 극한 개념에 따른 생성적 무한이 아닌 개체적 무한으로 봐야 한다. 무한은 자연수가 끝없이 이어지는 것처럼 유한한 과정의 잠재적 무한이 아닌 유한과 엄밀하게 독립적인 실체를 갖는 현실적 무한이다. 그뿐만 아니라 무한의 영역 안에는 서로 명확히 구분되는 크기를 지닌 다양한 무한이 존재한다. 가령 직관적으로는 유리수 전체의 집합이 정수 전체의 집합보다 클 것 같지만, 전자는 후자보다 크지 않다. 또 자연수 전체의 집합과 실수 전체의 집합 모두 무한집합이지만, 양자 간에는 양적·질적 차이가 존재한다. 전자는 이산적이지만 후자는 연속적이며, 전자의 기수cardinal가 후자의 기수보다 크다. 수학자들은 무한 간의 이러한 층차를 더욱 세분화하고 정교화했다. 그 결과 오늘날에는 선택 공리가 첨가된 체르멜로-프랑켈 집합론ZFC axiomatic set theory을 통해 그 실존 여부를 증명할 수 없음에도 여전히 사유 가능한 '큰 기수grands cardinaux'가 상당수에 이른다. 도달 불가능한 기수, 약콤팩트 기수, 형언 불가능한 기수, 콤팩트 기수, 램지Ramsey 기수, 가측 기수, 강기수, 우딘Woodin 기수, 초강기수, 초콤팩트 기수, 보펜카Vopěnka 기수, 유사 거대 기수, 거대 기수, 초거대 기수……. 이렇게 무한은 일종의 바로크적 왕국으로 나타난다. 그리고 이 왕국에서 사유 가능한 것과 존재 가능한 것 간의 경계는 흐려진다.

물론 무한에 대한 반론도 존재한다. 앞서 살펴본 것처럼 기존 언어와 지식을 바탕으로 은폐의 장치를 활용하는 유한성의 테제가 그 반론 중 하나다. 그러나 유한성의 테제가 소박하다면 보다 정교한 반론도 있다. 이 반론에 따르면 무한에 대한 집합론적 사유는 무한을 실질적으로 포착하지 못한다. 집합론은 질적인 무한을 양적인 무차별로 격하시킨다. 무한은 계산 불가능한 질적인 차원에 속하는데, 집합론은 무한을 계산 가능한 양으로 중화시킨다는 것이다. 실제로 바디우와 논쟁을 벌였던 질 들뢰즈Gilles Deleuze, 1925~1995는 '무한한 속도', '주름', '카오스모스Chaosmos'를 통해 질적인 무한 개념을 주장한 바 있다. 바디우에 따르면 동시대 집합론과 큰 기수의 이론이 무한에 관해 동시대 사유에 미치는 영향은 지대하다. 그 이론들은 다수에 대해 순수한 사유를 가능하게 하고, 무한을 전적으로 합리적인 방식으로 일자의 권위에서 해방시키기 때문이다. 무리수적 무한이 플라톤에게 영감을 주었고, 미분적 무한이 고전 형이상학에 영감을 주었다면, 큰 기수의 이론은 동시대 존재론적 사유에 결정적인 단서를 제공한다. 큰 기수의 이론을 배경 삼아 우리는 네 가지 유형의 무한을 구분할 수 있다.

3.1. 도달 불가능성

큰 기수의 이론에서 추출되는 첫 번째 무한은 '도달 불가능한 기수cardinal inaccessible'다. 이는 도달 불가능성의 성격을 갖는다. 도달 불가능성은 추상적이고 거시적인 것이 아닌 기존의 특수한 체계 및 유한성의 장치에 의해 도달되지 않는 것을 가리킨다. 철학적으로 말하자면 도달 불가능성은 초월성transcendance에 해당한다. 가령 플라톤은 감각적인 것le sensible과 인식 가능한 것l'intelligible을 구분하면서 이 중 인식 가능한 것은 이데아로 이루어진다고 보았다. 또한 인식 가능성의 원리는 '선의 이데아Idéé du Bien'로 구성된다고 말한다. 즉, 선의 이데아 자체는 이데아가 아닐 뿐 아니라 인식 가능한 것 너머에 위치한다.

흔히 내재성의 계보에 속하는 사상가로 알려진 니체에게도 초월성의 흔적은 비슷한 방식으로 남아 있다. 가령 니체는 모든 것은 삶에 의해 그 가치가 부여되고 평가되고 해석된다고 보았다. 그러나 삶 자체는 가치평가가 불가능하다. 신학적으로 말하자면 도달 불가능성은 부정 신학에 해당된다. 도달 불가능한 기수는 초월적인 신과 유사하다. 인간과 세계의 유한으로는 신의 무한에 이를 길이 없다. 신이 모든 피조물의 알려진 속성 너머에 있는 것처럼, 도달 불가능한 기수는 자연수 전체 집합의 무한인 ω보다 상위에 위치한다. 결국 도달 불가능성은 어떤 외적인 것이 주어진 뒤에 그것에 대한 부정을 통해서만 얻어지는 무한성이다. 선의 이데아가 이데아에 대한 부정을 통해, 삶의 가치가 다른 모든 것의 가치에 대한 부정을 통해, 신이 세계와 인간에 대한 부정을 통해, 도달 불가능한 기수가 ω에 대한 부정을 통해 얻어지듯 말이다. 이런 점에서 도달 불가능한 무한은 역설적으로 가짜 무한 혹은 약한 무한이며, 궁극적으로는 유한성의 테제에 종속된다. 기존의 것에 대한 부정을 자신의 본질로 삼는 어떤 것은 결코 진정으로 무한하지 않기 때문이다. 바디우가 지적하듯, "부정에 의해서만 지탱되는 모든 원리는 아무리 급진적이더라도 결국 유한의 다소 오만한 재탕일 뿐이다."[13]

도달 불가능한 무한이 사랑에 적용된 사례에는 어떤 것이 있을까? 몇 년 전 유럽과 미국에서 시작된 후에 일본에서도 소개된 바 있는 DNA 혼활(婚活: 결혼 활동)을 떠올려보자. 맞선 장소에서 미혼 남녀는 유전자 검사 결과를 토대로 파트너를 찾는다. 이런 생물학적 매칭 방식에 따르면 좋은 궁합은 커플의 인체 백혈구 항원Human Leukocyte Antigen, HLA의 차이가 70%인 경우를 가리킨다. 연구자들은 서로 호감을 느끼는 커플의 경우 HLA 차이가 적절하다고 보고한다. 그들에 따르면 마음은 임의로 움직이는 것이 아니라 유전자의 지배를 받는다. 그리고 젊은이들은 결혼 상대를 효율적으로 찾기 위해, 교제 실패로 인한 시간 및 감정 낭비를 피하기 위해 DNA 맞선에 참여한다. 여기서 주목할 점은 DNA가 커플이 형성되는 데 있어서 다른 모든 조건과 구별되는 조건이라는 사실이다. 부모의 반대를 무릅쓸 수는 있겠지만 그 누가 유전자의 권위 앞에서도

---

13 Badiou, *L'Immanence des vérités*, p. 304.

자신의 사랑을 고수할 수 있겠는가? 만약 외모·성격·집안·학벌 등이 기존에 정립된 유한성의 장치라면, DNA는 그러한 유한성의 장치를 초월한다. 그것은 가장 효율적이고 과학적이고 객관적인 매칭 기준을 제공한다. 그러나 DNA 혼활은 사랑에는 환원 불가능한 위험성과 불확실성이 내재되어 있음을 부정한다. 그것은 사랑의 계산 불가능한 모험을 계산 가능한 보험으로 환원한다.

또한 HLA의 적절한 차이가 강조되는 이유는 보다 면역력이 높은 아이를 낳기 위함이라는 점에 주목하자. 사랑의 세계에서 유래하는 소중한 귀결로서 건강한 아이를 낳는 것이 부모의 욕망임은 분명하다. 아이란 무엇인가? 아이는 종의 보존과 개체의 죽음이 만나는 지점이다. 아이는 종은 무한하되 개체는 유한하다는 사실을, 종의 무한성은 오직 개체의 유한성에 대한 부정을 통해서만 도달 가능하다는 사실을 부각시킨다. 여기서 도달 불가능한 무한이 갖는 역설적인 유한성이 드러난다. 건강한 자식에 대한 생산을 사랑의 충분조건으로 규정하는 것은 결국 사랑의 주체가 죽을 운명이며 그가 지닐 수 있는 무한에 대한 욕망도 기껏해야 최적의 DNA를 남기는 데 있다고 말하는 것과 같기 때문이다. 사랑의 현세보다 아이라는 2세가 중요해지는 것이다. 이런 점에서 DNA 혼활에서는 유한성에 대한 부정을 통해서만 존립할 수 있는 도달 불가능한 무한의 논리가 아이가 갖는 특권적 위상과 함께 작동한다. 거기에서 사랑은 종의 생산이라는 목적에 종속되고 사랑 고유의 무한은 사라진다. 사랑의 계산 불가능한 무한은 과학 결정론적 유한에 종속되며, 아이가 갖는 위상으로 인해 부각되는 것은 오히려 주체의 유한성이다.

3.2. 분열에 대한 저항

큰 기수의 이론에서 추출되는 두 번째 무한은 '콤팩트 기수cardinal compact' 혹은 '램지 기수Ramsey cardinal'다. 이러한 무한은 '분열에 저항la résistance à division'하는 성격을 갖는다. 유한이 다수로 쪼개질 수 있는 반면, 무한은 나눌 수 없는 통합적인 힘이다. 가령 신이라는 실체가 있다고 하자. 신은 비록 다수의 속성(전지, 전능, 지고의 선, 최선의 정의)으로 드러나더라도 여전히 그 통일성을 유지한다. 스피노자는 연장과 사유라는 두 가지 속성은 지금까지 발견된 것일 뿐, 신은 무한한 속성을 갖고 있으며, 각각의 속성은 신을 "표현한다exprimer"라고 주장한다. 제아무리 다양한 속성이 발견되더라도 신의 일자적인 통일성은 유지되는 것이다.

실제로 이러한 아이디어는 삼위일체에 대한 신학적인 논쟁의 배경으로 작용했다. 성령은 차치하더라도, 성부가 순수한 신성이라면, 성자인 예수그리스도는 인간의 몸으로 태어나고 죽어서 부활했기 때문에 신성과 인간성을 모두 갖는다. 그렇다면 성부와 성자는 유사한가 아니면 동일한가? 신학자 아리우스Arius는 성부와 성자의 본질은 동일하지 않고 유사하다homoiousios고 주장하면서 삼위일체를 부정했다. 그리고 325년 니케아 공의회에서 아리우스의 학설은 이단으로 규정된다. 공의회가 보기에 신은 무한하므로 성부와 성자라는 두 개의 유사한 부분으로 쪼개질 수 없었다. 성부와 성자는 완벽히 동일한 실체를 가져야 했다.

분열에 대해 저항하는 이러한 무한은 정치에서도 쟁점이 된다. 권력이 갖는 힘은 분열을 조장함으로써 무한을 유한으로 덮어씌우는 데 있다. 그렇다면 정치적 주체의 과업은 어떻게 분열에 맞서서 혁명적인 상황이 갖는 창조적인 힘을 견지해나갈 것인가에 달려 있다. 좀 더 형식적인 용어로 말해보자. 가령 최초의 상황이 갖는 힘 전체를 재현할 수 있는 κ라는 무한이 있다고 하자. 그런데 무한의 힘은 결코 정치적 주체의 물리적 숫자(가령 n)에서 나오지 않는다. 그것은 기존 권력에 저항할 수 있을 정도로 강력한 상호 연대가 주체들 간에 새롭게 형성될 가능성에서 나온다. 권력은 n개의 요소를 q개의 부분으로 분할하여 κ를 표현할 수 있는 어떤 주체적 집결도 일어나지 않도록 막는다. 따라서 해방적 정치의 성패는 각각의 항을 고립시키고 새로운 부분집합이 창조될 힘을 무화시키는 권력에 대항해서 얼마나 그 응집력을 유지할 수 있는가에 달려 있다.

주목할 점은 접근 불가능한 무한(첫 번째 무한의 유형)과 분열에 저항하는 무한(두 번째 무한의 유형) 간의 차이다. 두 무한 모두 외부와의 관계를 통해 정의된다는 공통점이 있지만, 첫 번째 무한이 외부에 대한 '부정'(기존의 유한한 작용에 대한 초월)을 통해 형성된다면, 두 번째 무한은 외부와 관련되는 가운데 스스로에 대한 '긍정'(분열을 조장하는 권력에 맞서 주체적 힘을 견지)을 통해 형성된다.

분열에 저항하는 무한이 사랑에 적용된 사례에는 어떤 것이 있을까? 사랑이란 기존에 존재하는 유한성 ω보다 상위에 있는 κ의 힘을 지닌 커플의 조직화다. 그런데 권력은 κ에 내재된 주체적 무한을 은폐하면서 커플을 기존의 코드 및 인간 동물적 성향에 제각기 종속된 두 개인으로 분할시킨다. 즉, 분열의 효과는 커플이 공유하는 사랑을 확신하는 것보다 각자의 사회적 지위나 사소한 취향을 부각시키는 데 있다. 이때 "우리는 객관적[대상적] 장벽, 계급, 인종, 국가 등을 가로지르는 경향이 있는 강렬한 주체적 배치에 입각한 것이 아닌 철저히 객관적인 사회적 지위에 입각한 커플의 배열을 떠올려 볼 수 있을 것이다."[14]

이 점은 독일의 영화감독 라이너 파스빈더Rainer Werner Fassbinder, 1945~1982의 영화 〈불안은 영혼을 잠식한다Angst Essen Seele Auf〉(1974)에서 잘 드러난다. 자녀들을 독립시키고 청소부로 일하면서 외롭게 사는 60세 미망인 엠미는 어느 날 한 술집에서 독일에 온 지 2년 된 모로코 출신 청년 노동자 알리를 만난다. 둘은 나이의 장벽(알리의 친구는 엠미를 보고는 "모로코에서 할머니가 오셨니"라고 비웃는다)과 인종의 장벽(알리는 "독일인은 주인, 아랍인은 개"라고 말한다)을 가로질러서 사랑에 빠지고 결혼을 한다. 엠미의 자녀들, 직장 동료, 주변 이웃, 식료품 가게 주인의 차별과 멸시에도 불구하고 둘은 무한의 주체적 힘을 견지한다. 엠미와 알리는 그들 둘(여기서 '그둘'이라는 새로운 기표를 제안해보자!)을 객관적인 출신 '지역région'을 통해 분할시키는 상징적 규범 너머에서 주체적 '지대zone'를 구축하기로 결단함으로써 사랑의 무한을 증거한다. 그러나 영화는 곧 흥미로운 전환점을 제시한다. 커플이 여행을 다녀온 뒤에 주변 인물들은 자신의 이득을 위해(가령 엠미의 아들은 아이를 돌볼 사람이 필요해서 엠미에게 접근하고, 식료품 주인은 물건을 팔기 위해 엠미에게 접근한다) 커플에게 한결 누그러진 태도를 보인다. 그런데 이와 동시에 커플의 유대에 균열이 일

---

14 같은 책, p. 323.

어난다. 엠미는 친구들과 함께 알리의 육체를 '이국적인' 대상으로 명명한다. 알리는 아랍 전통 요리 쿠스쿠스를 먹고 싶다면서 옛 애인을 찾아가 그녀와 동침한다. 커플 바깥의 이데올로기적 장벽 및 차별적 시선을 극복해내자 이번에는 커플 안의 문화적 차이가 주체적 지대의 무한을 분할시키기에 이른 것이다. 그러나 엠미가 알리를 찾아가고 알리가 그들이 처음 만났던 술집에서 엠미에게 춤을 추자고 제안함으로써 둘은 화해한다. 엠미는 말한다. "같이 있을 땐 서로를 아껴줘요. 그렇지 않으면 인생은 살 가치가 없어요. (…) 힘을 합치면 우린 강해요." 무한의 힘은 분열의 억압적인 힘보다 강하다. 실제로 영화가 병으로 쓰러진 알리와 그 곁에서 슬퍼하는 엠미를 보여주는 장면으로 끝남에도 불구하고 사랑의 무한은 영화 제목 자체에 각인되어 있다. 사실 "불안은 영혼을 잠식한다"의 정확한 표현은 영화의 원제목으로 쓰인 'Angst Essen Seele Auf'가 아니다. 올바른 동사 변화가 적용된 표현은 'Angst isst Seele auf'다. 그러나 엠미 역시 순수한 게르만 인종(이것은 유대인을 말살하기 위해 나치가 상상적으로 구성한 개념이다)이 아닌 이상, 여기서 핵심은 문법적으로 올바른 표현이 아니다. 핵심은 "불안은 영혼을 잠식한다"라는 말이, 사랑하니까 너무 행복해서 오히려 불안하다고 말하는 엠미를 안심시키기 위해 알리가 독일어로 번역한 아랍 속담이라는 점, 그리고 저 말을 들은 엠미가 "멋진 표현"이라고 대답한다는 점이다. 이를 문법적 정확성을 넘어서는 사랑의 문자라 부르자. 사랑의 문자는 무한이 담지된 새로운 언어, 커플이 창조하는 주체적 언어다. 그리고 이 언어는 분열에 종속되지 않을 정도로 강하다.

3.3. 거대한 부분

큰 기수의 이론에서 추출되는 세 번째 무한은 '완전 기수cardinal complet'다. 이 무한은 '거대한 부분grandes parties'들을 함유한다는 특징이 있다. 또 이 무한은 특정 집합 안에서 부분들 간의 연결을 생산하며, 이를 통해 막강한 내적 압력을 발생시킨다. 여기서 핵심은 부분들 간의 연결 및 압력을 생산하는 일이 무한의 내재적 특성이라는 점에 있다. 첫 번째 유형의 무한이 유한에 대한 부정을 통해 접근되고 두 번째 유형의 무한이 분할에 대한 저항을 통해 접근된다는 점에서, 두 유형의 무한 모두 외재적이다. 반면 세 번째 유형은 그 내재성에 초점이 맞춰진다. 앞선 두 유형이 부정적으로 파악되는 반면, 세 번째 유형은 긍정적으로 파악된다.

또 다른 핵심은 '거대한 부분'에서 '거대하다grand'가 갖는 함의에 있다. 혹자는 '크다'와 '작다'는 관점 및 맥락에 따라 상대적으로 정의되며, '크다' 개념에 실체성이 없다고 강조한다. 그 자체로 큰 것이란 무엇일까? 집합론의 차원에서 거대한 부분이란 무엇이며 거대한 부분을 함유하는 무한이란 무엇일까? 집합론에 따르면 거대함은 고립이 아닌 뒤얽힘에서, 원자가 아닌 그물망에서 나온다. 거대함은 전체가 아닌 부분 간의 관계가 극히 조밀할 때, 그리고 부분 간의 관계가 발생시키는 응집력이 전체의 힘과 거의 유사할 때 출현한다. 거대함은 이질적인 다수성의 촘촘한 연결망이다. 거대한 부분이 먼저 있고 그것들이 서로 연결되는 게 아니라 부분 간의 연결 자체가 거대함을 구성한다.

여기서 바디우는 거대한 부분에 대한 측정 수단으로 '비非

주요 극대 필터ultrafiltre non principal'라는 개념을 제기한다. 필터 filtre는 큰 것은 붙잡고 작은 것은 통과시키는 장치다. 집합론에서 필터는 두 거대한 부분의 교집합 역시 거대하다는 사실을 시사한다. 가령 최초의 무한 기수 ω가 있을 때, 2의 배수와 3의 배수의 교집합인 6의 배수는 ω 자체와 거의 맞먹을 정도로 거대하다. 그리고 극대 필터란 필터의 개념을 모순 논리를 따라 확장시킨 필터다. 즉, 어떤 집합 E의 부분 X와 E에 대한 극대 필터가 있을 경우, 부분 X가 극대 필터에 속하거나 부분 X를 부정한 부분이 극대 필터에 속한다. 세 번째 가능성이란 없다. 여기서 바디우는 고정되고 안정된 뿌리를 지닌 극대 필터와 방황에 개방된 비주요 극대 필터를 구분한다.

정치적인 예를 들어보자. 동시대 민주주의에서는 사유 재산 및 자본이라는 굳건한 '주요 극대 필터'에 의해 모든 사회적 관계가 걸러진다[필터링된다]. 물론 20세기는 레닌, 스탈린, 마오 등의 고유명과 당 권력 및 국가 권력에 집중함으로써 "대안적인" 주요 극대 필터가 만들어지기도 했다. 그러나 해방적 정치의 본령은 대안적인 주요성을 제시하는 데 있지 않고, 모든 유형의 주요성에서 벗어남으로써 자본과 국가의 힘을 제어할 수 있는 평등주의 체제를 구축하는 데 있다. 이러한 체제를 향한 움직임을 측정할 수 있는 장치가 비주요 극대 필터다. 그것은 주요성, 즉 일자로부터 빠져나오는 만큼 더욱 강렬하고 내재적인 무한에 도달한다. 특히 그것은 무한과 평등의 상관관계를 시사한다. 가령 2의 배수로 이루어진 부분과 3의 배수로 이루어진 부분에 극대 필터를 적용하여 6의 배수로 이루어진 부분이 걸러진 상황에서는 이 세 가지 이질적인 부분 간에 어떠한 위계나 우위도 없다. 즉, 무한은 본질적으로 평등주의적이다. 동시대 미디어는 유명 기업가의 "세상은 불평등하다"라는 말을 인생의 지혜로, 매혹적인 이데올로기로 설파한다. 그러나 불평등은 유한성을 전제로 삼을 때에만 성립된다. 반면 무한은 평등을 요구하고 또 정립한다. 이런 점에서 세 번째 무한은 두 번째 무한의 특징, 즉 분할에 저항하는 힘을 이미 내포한다. 부분 간의 평등함이야말로 분할에 저항할 수 있는 가장 강력한 원동력이기 때문이다. 요컨대 세 번째 무한에서는 부분 간의 내적 연결이 거의 전체에 비견될 만한 힘을 지니며, 주요성이라는 일자가 작동하지 않고, 부분 간의 내적 평등으로 인해 분할의 외력이 근본적으로 차단된다.

그렇다면 거대한 부분이라는 특징을 갖는 무한이 사랑에서 구현된 사례에는 어떤 것이 있을까? 프랑스 철학자 앙드레 고르André Gorz, 1923~2007와 도린 간의 사랑을 떠올려보자.[15] 도린과 함께하기 시작할 무렵에 고르는 그저 자신의 삶으로부터 등을 돌리기 위해 글을 썼다. 그는 자신의 실존을 받아들이지 못했고 자신의 진실을 글쓰기로 방어하고자 했다. 또 그는 자신의 글에서 도린에게 마땅한 자리를 부여하지 않았고 그녀를 자신이 없으면 살아갈 수 없는 불쌍한 여자로 지칭하기도 했다. 그러나 도린과 함께 사랑의 세계를 구축하면서 그의 글쓰기는 자신의 삶·실존·진실과 화해하기에 이른다. 물론 이것은 작가를 사랑하는 것이 그가 글 쓴다는 사실 자체를 사랑하는 일임을 확신하면서 일평생 그의 글쓰기를 굳건히 지지해준 도린이 있었기에 가능했다. 이렇게 사랑은 한 남자를 증상적인

15 이에 대한 보다 상세한 논의는 필자의 『라캉, 사랑, 바디우』(에디투스, 2019)의 5장을 참고하라.

글쟁이note-taker에서 진정한 작가writer로 만들어주었다. 고르와 도린이 함께 구축한 세계의 무한이 흡사 거대한 부분처럼 작용함에 따라 고르의 삶과 실존은 급진적으로 변형된다. 바디우가 쓰듯, "어떤 사랑이 무한해서 이 사랑이 극대 필터를 적용하는 세계의 경험의 부분(사랑에서 둘의 공통 경험이 되는 부분)이 거대할수록, 이 사랑은 실존을 온전히 전복시키는 힘이 된다."[16]

나아가 이런 사랑이 무한의 두 번째 유형, 즉 분할에 대한 저항력을 내포하고 있음은 물론이다. 고르의 어머니에 따르면 고르와 도린의 결혼 생활에는 두 가지 중대한 걸림돌이 있었다. 필적감정사에 따르면 고르와 도린은 함께 살아갈 천성이 아니었다. 돈 문제도 걸림돌이었다. 고르의 어머니가 보기에 그들의 사랑은 전통과 자본의 힘에 의해 분할될 운명이었던 것이다. 그러나 어머니의 우려와 달리 그들은 사랑의 주체적 무한을 충실히 구축했다. 그들의 사랑은 단순히 전통과 자본이라는 외부의 힘에 대해 반작용적으로 저항한 것이 아니라 그 자체의 내재적 강도와 밀도에 의해 외부의 힘으로부터 상처받지 않았다. 물론 이러한 내재적 강도는 고르와 도린이 서로 극복할 수 없는 차이(가령 고르가 이론과 통계를 중시했다면, 도린은 직관과 현실을 중시했다)를 끝없이 마주하고 통과하고 조정해나가면서 정념적인 사랑싸움을 흥미진진한 게임으로 변화시키는 과정을 통해서만 형성될 수 있었다. 이런 점에서 그들의 사랑은 바디우의 다음과 같은 발언을 인상적으로

16 Badiou, *L'Immanence des vérités*, p. 349.

예증한다. "사랑의 강도-콤팩트 무한-는 파트너 간의 조화와 일치의 도그마에서 빠져나오고, 온라인 데이팅이 저마다 세속적 사랑을 희구하는 길 잃은 대중에게 부과하는 배치와 분할에서 빠져나온다."[17]

3.4. 절대성에의 근접

큰 기수의 이론에서 추출되는 마지막 유형의 무한은 세 번째 유형과 마찬가지로 '완전 기수'(사실 바디우는 '가측 기수cardinal mesurable'를 '완전 기수'로 재명명하는데, 이는 무한이 측정 가능하다고 불리면 위화감을 준다고 보았기 때문이다)다. 그런데 세 번째 유형의 완전 기수와 달리 이번의 완전 기수는 '절대성에 근접proximité à l'absolu'한다는 특징을 갖는다.

여기서 바디우는 스피노자의 삼항(실체-속성-양태)을 집합론적으로 변용시킨다. 스피노자에게 실체(자연 전체로서의 신)는 두 가지 속성(현재까지 알려진 것들로는 연장과 사유)으로, 나아가 양태(연장의 양태로서의 사물과 사유의 양태로서의 관념)로 표현된다. 바디우는 이에 상응하는 모든 다수-존재가 사유 가능한 절대성의 장소 V, 잘 정의된 속성을 갖는 집합을 포함하는 클래스 M, 개별적 집합 E를 제시하고, 클래스 M와 절대성의 장소 V 간의 근접성을 주장한다. 속성이 실체를 표현하듯, 클래스가 절대성의 장소를 표현한다는 것이다. 그리고 클래스에는 비주요 극대 필터가 사용된다. 이 필터는 클래

17 같은 책, p. 352.

스가 절대성의 장소에 근접할 정도로 거대하다는 것을 보증한다. 필터가 강하면 강할수록 절대성에 더 가까워진다. 이렇게 스피노자적 속성-실체는 집합론적 클래스-절대성의 장소로 변용된다. 그러나 스피노자의 사유와 집합론적 사유 간에는 차이점도 있다. 스피노자에게 표현은 곧 인과성이다. 속성이 실체를 표현하는 것은 속성이 실체를 자신의 원인으로 삼기 때문이다. 그러나 집합론적 맥락에서 표현은 곧 귀속이다. 그리고 집합론에는 귀속에 관한 두 가지 핵심 공리가 있다. ZFC 시스템의 1번 공리와 7번 공리가 그것이다. 1번 공리인 연장성 공리l'axiom d'extensionalité는 어떤 두 집합이 똑같은 원소를 갖고 있을 때 두 집합은 동일함을 의미한다. 7번 공리인 토대 공리 l'axiom de fondation는 모든 다수성이 어떤 타자에 근거해 있으며, 이러한 근거를 계속 추적해 들어가면 종국에는 공집합이라는 공백에 마주하게 된다고 말한다. 이 공리들은 플라톤이 제기한 다섯 가지 유 개념 중 제각기 동일성과 타자성을 현대적으로 변형한 것에 해당하는 한편, 그것들은 클래스가 절대성의 장소에 귀속된다는 점을 해명한다. 어떤 속성이 실체를 표현하는 것은 수학적으로 말해 어떤 클래스가 절대성의 장소에 귀속된다는 뜻이다. 실제로 안제이 모스토프스키Andrzej Mostowski, 1913~1975의 증명에 따르면, 연장적이고 토대 지어진 클래스는 V의 클래스와 동형적이다.

나아가 ZFC 시스템에 세 가지 유형의 공리가 있음에 주목하자. 공집합 공리와 무한집합 공리가 어떤 집합들의 "실존"에 관한 공리고, 합집합 공리와 부분집합 공리가 어떤 집합들의 "구성"에 관한 공리라면, 연장성 공리와 토대 공리는 어떤 집합들의 "관계"에 관한 공리다. 이런 점에서 집합론적 관점에서 볼 때 귀속이란 곧 관계다. 여기서 바디우는 자신이 『존재와 사건』에서 존재론의 여러 노선[18] 중 관계에 대한 사유(가령 동일성의 불모성과 관계의 절대성을 대비시키는 니체와 들뢰즈의 사유)를 비판하기 위해 다수에 관한 사유를 주장했다고 말한다. 그런데 이제 그는 자기비판을 통해 기존의 입장을 수정 및 확장한다. 진정한 집합론적 존재론은 관계보다 다수를 우위에 놓는 사유가 아니다. 왜냐하면 집합론은 다수를 포착하는 동시에 귀속이라는 관계를 고찰하기 때문이다. 우리는 귀속이라는 독특한 관계에 대한 사유에 입각해서 순수한 다수에 관한 사유를 전개할 수 있다. 다수와 관계는 상호 모순적이지 않으며 양립 가능하다. 위에서 제기한 두 공리에서 특징적으로 드러나듯, 존재론은 다수성 간의 귀속 관계에 대해 다루는 학문과 다름없다.

지금까지 스피노자적 속성-실체 및 표현이 집합론적 관점

---

18 이와 관련해서 다음을 참고할 수 있다. https://www.youtube.com/watch?v=iWws287P1OU&t=1815s 여기서 바디우는 존재론의 유형을 아래와 같이 분류한다.

1. 존재의 개념은 공허하고 무의미하며, 존재론은 무가치하다(콩트, 비트겐슈타인).
2. 존재론은 가능하지만 존재에 관한 지식은 불가능하다(칸트, 하이데거).
3. 존재론은 가능하고 존재에 관한 지식도 가능하다.

3.1. 존재는 무한한 일자의 현시다(파르메니데스, 신학, 고전 형이상학).

3.2. 존재는 일자 없는 순수한 다수다(원자론).

3.3. 존재는 대상이나 통일성이 아니라 관계나 운동이다(헤라클레이토스, 베그르송, 들뢰즈).

에서는 클래스-절대성의 장소 및 귀속으로 재정의된다는 점을 살펴보았다. 이제 양태 및 집합으로 논의의 범위를 넓혀보자. 스피노자에게서 적합한 관념은 부적합한 관념보다 실체를 더 잘 표현한다. 이와 마찬가지로 어떤 무한집합은 클래스와 절대성의 장소 간의 유사성을 증언한다. 절대성에 접근하는 것과 매우 강력한 무한집합의 실존 간에는 상관관계가 있다. 여기서 한 가지 기술적인 개념이 소개되는데, "기본 임베딩plongement élémentaire/elementary embedding"이 그것이다. 기본 임베딩이란 절대성의 장소 V를 어떤 클래스 M에 끼워 넣는 것을 말한다. 그럼으로써 그것은 V의 모든 항을 V의 내적 모델인 M의 항에 대응시킨다. 이때 j라는 관계가 형성되는데, j는 매우 상위에 있는 무한 집합 E의 실존을 증언한다. 이 집합은 완전 기수에 해당한다. j가 있다면, 적어도 완전 기수와 동등한 크기의 무한집합이 실존한다. 이 완전 기수는 헤겔이 말하듯 "절대성이 우리 주변에 있음l'absolu est auprés de nous"을 입증한다. 그리고 기본 임베딩을 통해 출현한 완전 기수는 지금까지 거론된 무한의 모든 속성을 포괄한다. 즉, 그 완전 기수는 접근 불가능하고, 분할에 저항하며, 거대한 부분을 포함하고, 절대성과 속성 간의 근접한 관계를 증언한다. 요컨대 기본 임베딩으로서의 j는 절대성의 장소와 그 속성 간의 변증법적 관계를 가리킨다. 이 관계는 어떤 진리의 절대성을 뒷받침하고, 그 진리가 절대성에 내재적임을 보여준다. j는 절대성의 장소 V와 어떤 진리 E(수학적으로 말해 모든 진리는 하나의 무한집합이다) 간의 차이에도 불구하고 둘 사이에 다리를 놓는다. j는 스피노자식으로 말한다면 어떤 진리가 절대성을 "표현"하도록 해주고, 플라톤식으로 말한다면 어떤 진리가 절대성에 "참여"하도록 해준다. 기본 임베딩으로 인해 어떤 클래스 M은 어떤 진리 E로 하여금 절대성의 장소 V에 닿게 해준다. 이렇게 기본 임베딩을 통해 V-M-E(실체-속성-양태) 간의 상관관계가 매듭지어진다. 지금까지의 과정을 다음과 같이 역순으로 말하는 것도 가능하다. "완전 기수가 실존한다. 그렇다면 기본 임베딩이 실존한다. 고로 절대성의 속성이 실존한다."

절대성에 관해 몇 가지 유념해야 할 점이 있다. 첫째, 절대성은 모든 다수-존재가 집합론적으로 사유 가능한 장소에 대한 가설적 이름이다. 따라서 절대성이 스피노자적 실체에 대응됨에도 불구하고 절대성은 아무런 실체성도 갖지 않는다. 오히려 V는 "비실존in-existe"한다. 둘째, 절대성은 변증법적이다. 절대성은 접근 불가능한 동시에 근접해 있고, 한계가 없는 동시에 한계가 있다. 셋째, 절대성은 어떤 내재적인 속성을 갖는다. V의 초-무한성이 정의 가능한 집합들의 클래스를 통해 표현되는 한에서 말이다. 마지막으로 유념할 점은 V와 M의 관계, 즉 j가 창조적이라는 사실이다. j의 창조성은 진리가 결코 하나가 아님을 함축한다. j가 창조적인 한에서 모든 진리는 복수적이다. 수학·정치·사랑·예술이라는 개별적 진리가 있을 뿐이다. 따라서 절대성만이 유일한 참이라고 주장하는 신학적 테제는 기각된다. 형식적으로 말해 E(V의 요소)와 j(E)(그에 대응하는 M의 요소)는 다르다. 진리의 절대성은 직접적($E \in V$)이지 않고 우회적($j(E) \in M$)이다. 진리는 어떤 일의적인 내재성의 재생산도 아니고, 어떤 초월적인 절대성의 하강도 아니며, 어떤 근원적인 자기 동일성의 특수한 확증도 아니다. 진리는 절대성에 지속적으로 참여하는 과정을 구축해나가는 것이다. 따라서 절대성 자체와 진리 간에는 격차가 있다.

그러나 이러한 격차야말로 인간의 삶에 방향성을 부여한다. 그 격차와 화해하면서 인간 동물은 하나의 진리가 무한한 절대성에 닿는 동시에 우연한 사건과 일관된 구축으로 이루어진다는 점을 배우게 되기 때문이다. 진리는 절대적 실체에 의해 창조되는 것이 아니라 j에 대한 충실한 구축 과정을 통해서 창조된다. 절대성은 광역적으로 일거에 도래하지 않으며, 말라르메가 말하듯 한 점 한 점의 진리를 통해 구축된다. 진리와 절대성은 서로 대응하지만 동시에 차이도 갖는다. "하나의 진리는 절대성 자체에 의해 창조되거나 흡수되지 않으면서 절대성의 인감을 받는다."[19] 바디우는 절대성에 참여하는 어떤 것과 절대성 자체의 간극을 '임계점point critique'이라는 용어로 지칭한다. 임계점은 진리의 과정이 절대성의 정적인 투영이 아니라 변증법적이고 창조적인 운동임을 시사한다. 한편 절대성은 진리로부터 분리되어 있으며, 이러한 분리는 사건의 우연성과 세계의 특수성에 기인한다. 그러나 다른 한편 절대성과 진리 간에는 비분리의 측면도 있다. 하나의 진리가 그 자체로 무한한 한에서 말이다.

19 Badiou, *L'Immanence des vérités*, p. 405.

4. 유한의 패배

이렇게 무한의 왕국에 대한 탐사를 마친 뒤에 바디우는 유한의 결정적인 패배를 입증하는 두 가지 핵심 정리를 제기한다. 우선 스캇 정리le théorème de Scott다. 스캇 정리에 따르면 완전 기수가 실존할 경우 모든 집합이 구성 가능해지는 것은 불가능하다. 따라서 앞서 제기된 두 가지 선택지, 즉 괴델식과 코헨식 중 괴델식을 따르는 것은 불가능하다. 스캇 정리는 지배 이데올로기에 반드시 한계가 있음을 시사한다. 기존에 정립된 법칙을 통해 모든 것을 정의할 수는 없다. 다수-존재의 모든 가능한 형식이 놓인 집합론적 우주를 V라 부르고, 구성 가능한 우주를 L이라 부르자. 스캇 정리에 따를 때 완전 기수는 V가 L과 동일하지 않음을 보여준다. 그러나 스캇 정리는 V와 L의 간극에 대한 측정을 제공하지 않는다. 이런 측정이 없다면 L에서 부재하는 어떤 집합(구성 불가능한 것)이 L의 집합(구성 가능한 것들의 모임)에 의해 은폐될 수 있다. 당대의 사유의 한계를 뛰어넘었음에도 불구하고 당대의 수학자·철학자·신학자에게 지탄받으며 자기 사유의 폭발적 가능성을 인정받지 못했던 칸토어의 경우처럼 말이다. 그래서 우리는 옌센 정리le théorème de Jensen로 시선을 돌릴 필요가 있다.

옌센 정리는 실버 정리le théorème de Silver에 의해 도출된다. 실버 정리에 따르면 램지 기수가 실존할 경우, 우주에는 식별 불가능한 기수가 우글거린다. 즉 우주는 구성 가능한 것에 의해 폐쇄되어 있지 않다. 이를 바탕으로 옌센 정리는 다음과 같은 질문을 제기한다. 어떤 구성 불가능한 무한이 구성 가능한 것들의 모임에 의해 은폐될 수 있다면, 은폐를 금지하는 것에는 어떤 게 있을까? 답변은 긍정적이다. 옌센 정리에 따르면, $0^\#$(구성 가능한 우주 너머에 있는 집합)이 실존한다. 다른 모든 거대한 기수들처럼 이 집합 역시 ZFC 공리계에 의해 증명되지 않으며 실존도 매우 불확실하다. 표기 자체에서 드러나듯, 이 집합은 거의 0이지만 0은 아니다. 그것은 마치 0을 반음 올린 것과 같다. 그러나 이 집합이 없다면 V는 거의 L과 유사해지고 따라서 유한은 거의 절대화된다.

여기서 우리는 이 집합의 기능에 주목해야 한다. 왜냐하면 이 집합은 은폐의 작용을 해명하는 동시에 제한하기 때문이다. 가령 이주민에 관한 정치적 문제에서 은폐가 어떻게 작용하는지 살펴보자. 옌센 정리와 $0^\#$에 따르면, "이슬람교도 급진주의적 테러리스트"라는 용어는 중동의 마피아 두목뿐만 아니라 프랑스에 거주하는 말리 출신의 노동자나 전쟁을 피해 유럽으로 건너온 시리아 출신의 가난한 가정까지도 지칭한다. 아이러니하게도 여기서 지배적인 언어는 어떤 식별 불가능성에 침습된다. 공포를 유발하는 어떤 낙인적 정체성에 의거하는 코드화된 언어가 무차별적으로 남용되면서 그것이 갖는 기능적 한계가 드러난다. 그 용어를 통해 우리는 유한이 어떻게 작용하는지, 또한 유한이 어떻게 실패하는지 동시에 목격한다. 이런 점에서 옌센 정리는 은폐의 가능성과 불가능성의 문턱뿐 아니라 옛것과 새것이 어디서 분기되는지도 보여준다. 여기서 구성 가능한 우주는 식별 불가능한 무한에 의해 관통되고 침범된다. 은폐되었던 것은 더 이상 은폐되지 않는다. 구성 가능한 우주에는 종잡을 수 없는 무질서가 존재한다. 유한의 우주란 눈속임일 뿐이다. 요컨대 스캇 정리가 완전 기수를 통해 모든 것이 유한에 종속되지 않음을 보여준다면, 옌센 정리는 $0^{\#}$를 통해 어디에서 유한성의 우주의 출구가 개방되는지 보여준다. 스캇 정리가 무한과 유한의 양적 차이를 지적한다면, 옌센 정리는 무한과 유한의 질적 차이를 지적하고, 양자에 나타나는 차이의 조건에 대한 보다 세밀한 분석적 비전을 제시한다.

그렇다면 두 정리가 사랑에 갖는 함축은 무엇일까? 바디우의 입장은 앞선 논의의 연장선상에 있는 것만큼이나 간명하다. 무한과 유한의 차이에 명확한 경계선을 그으면서 두 정리를 이렇게 선언한다. "여기서 근본적인 대립은 유한한(=구성 가능한) 은폐 과정과 진리들이 실존하는 모든 가능한 차원 안에 있는 무한한 새로운 잠재성의 출현 간의 관계로 정의된다. 한쪽에는 관습, 가족, 유산, 모든 주체적 위험에 대한 불신이 있고, 다른 쪽에는 사랑이 선언될 수 있을 법한 만남이 있다."[20]

20 같은 책, pp. 434~435.

5. 절대성에 관한 어떤 유혹

무한의 왕국은 마치 중세 때 제기된 천사의 계급에 관한 학설처럼 위계구조를 갖는다. 천사의 계급론에서 안젤루스(제9계급 천사)-아르크안젤루스(제8계급 대천사)-프린치파투스(제7계급 권품천사)-포테스타테스(제6계급 능품천사)-비르투스(제5계급 역품천사)-도미니온스(제4계급 주품천사)-오파님(제3계급 좌품천사)-케루빔(제2계급 지품천사)-세라핌(제1계급 치품천사)의 순서로 신이라는 절대적 인자에 근접해가듯, 큰 기수 이론은 서로 질적으로 구분되는 수많은 무한을 아우르는 누적적인 상승 운동을 통해 절대성의 장소에 근접해간다. 이에 우리는 무한의 네 가지 유형에 거의 대응되는 다음의 도식을 제기할 수 있다. '도달 불가능 기수 → 콤팩트 기수 → 램지 기수 → 완전 기수.' 여기서 상위 기수는 하위 기수를 내포한다. 완전 기수는 도달 불가능한 기수가 갖고 있는 모든 속성을 지닌 반면, 도달 불가능한 기수는 완전 기수가 갖고 있는 모든 속성을 지니지 않는다. 완전 기수는 도달 불가능하지만, 도달 불가능한 기수는 완전하지 않다. 그렇다면 완전 기수(가측 기수)보다 상위 차원은 없을까? 답변은 긍정적이다. '초콤팩트 기수cardinal supercompact'가 그것이다. 이 기수는 '반사성réflexivité'이라는 특징을 갖는다. 즉, 어떤 초콤팩트 기수가 갖는 현상은 그 초콤팩트 기수 이하에서도 적용된다. 이는 그 기수가 자기 내부에 자기보다 하위 등급의 무한을 거대한 부분으로서 반사하기 때문이다. 가령 초콤팩트 기수 κ는 자기보다 하위 등급의 기수의 κ양만큼 자신의 항으로 포함한다. 초콤팩트 기수가 정립되자마자 그 이하 등급에 위치한 기수는 상대적으로 유한해지는 것이다.

그렇다면 계속 이런 식으로 무한의 상층부로 나아가면서 절대성의 그 어떤 명확한 문턱에 도달하는 것이 가능할까? 답변은 부정적이다. 쿠넨 정리le théorème de Kunen에 따르면, 절대성에 접근해가는 큰 기수의 상승 운동에는 정지점, 정확히 말해 어떤 특정한 정지점이 아니라 어떤 모호한 지대가 있다. 즉, 절대성 내부에서는 끊임없이 상승 운동이 일어나지만 절대성 자체는 움직이지 않는다. 특기할 만한 것은 이러한 절대성의 부동성이 파르메니데스의 직관에 부합한다는 사실이다. 파르메니데스에 따르면, 존재는 일자이며 존재-일자는 운동하지 않는다. 집합론에 따르면, 존재가 순수한 다수라면 절대성은 움직이지 않고 실존하지 않는 존재-일자다.

그런데 절대성에 대한 이러한 관점은 신학적 입장(일자만이 무한하다)과 세속적 입장(절대성을 향한 끝도 없는 점근선만 있을 뿐이며, 따라서 인간은 유한하다)을 가로지른다. 절대성이란 일자의 유일무이한 무한성에 대한 보증도 아니며 인간의 유한성에 대한 역설적 징표도 아니다. 그것은 다수가 사유될 수 있다고 여겨지는 고정된 장소다. 절대성은 영원히 존재하고 이론적으로 사유 가능하지만, 그럼에도 불구하고 우리는 절대성의 존재에 대한 증인을 알지 못한다. 절대적인 진리가 실존하지만, 절대성의 진리[절대성 자체를 소유하는 진리]와 같은 것은 없다. 어떤 무한집합도 절대성과 특권적인 관계를 맺을 수 없다. 오히려 절대성에서는 불투명한 지대가 존재한다. 절대성에 근접해갈수록 어떤 끝도, 어떤 끝의 부재도 증명될 수 없다. 이러한 결정 불가능성이 곧 절대성의 실재를 이룬다. 절대성은 무한의 왕국에 기이한 문을 남겨주는데, 그 문은 열리면서도 닫히며 열리지도 않고 닫히지도 않는다. 새로운 무한과 더불어 언제나 끝없이 V에 좀 더 근접할 수 있으므로 문은 열려 있지만, 명확하게 정의되는 불가능성(쿠넨의 정리가 증명하는 "V의 V 자체에 대한 기본 임베딩의 불가능성")으로 인해 문은 닫혀 있다.

여기서 한 가지 욕망이 출현할 수 있다. 앞서 살펴봤듯 기본 임베딩이란 절대성의 장소 V를 속성 M에 담는 것을 말한다. 그런데 V를 M에 임베딩하지 않고 V를 V 자체에 임베딩할 수 있지 않을까? 실제로 수학사에는 이러한 시도가 있었다. 라인하르트 기수cardinal de Reinhardt가 바로 V를 V에 대해 기본 임베딩함으로써 만들어지는 기수다. 그러나 수학자 아키히로 카나모리Akihiro Kanamori, 1948~는 이 기수를 집합론이 야기하는 '신들의 황혼'crépuscule des dieux이라 불렀고, 마침내 수학자 케네스 쿠넨Kenneth Kunen, 1943~은 V를 V에 기본 임베딩할 수 없음을 증명했다. 이는 절대성에 대한 접근은 수직적으로 작업해나가면서 하나의 지점을 구축하려는 끝없는 여정일 수밖에 없음을 뜻한다. 절대성의 여정을 일거에 수평적으로 가로지르면 파국으로 이어질 뿐이다. 절대성은 외적으로 경직된 자기 동일성과 내적으로 풍요로운 속성 간의 변증법에 의해 접근된다. 그렇다면 절대성을 그 속성과의 변증법적 관계를 통해서가 아닌 단번에 절대성의 자기 내적 운동을 통해 접근하려 할 때 어떤 일이 일어날까? 바디우는 이와 관련하여 다양한 실례를 제시한다.

바그너의 종합예술작품, 라쿠-라바르트의 산문과 융화된 시, 19세기 혁명가들의 역사의 종말, 말라르메의 책, 낭만주의의 황홀하고 융합적인 사랑, 프루스트의 문학 프로젝트에서 시간의 전적인 회복, 유토피아적 공산주의, 헤겔의 절대지식, 발견할 수 없는 대통합 이론에 대한 물리학적 탐색, 연극 없는 연극, 재현 없는 현시, 아도르노의 비정형적 형식, 니체의 '역사를 두 조각내기', 들뢰즈의 비유기체적인 삶 혹은 카오스, 부르바키의 전적으로 형식화된 수학, 이 모든 것은 결국 절대적 지시물[V]과 단독적인 진리가 절대화되는 장소[M] 간의 격차, 차이, 분리를 더 이상 다루지 않으려는 욕망과 다름없다.[21]

우회·굴곡·선회·매개 없이 단번에 직접적이고 특권적인 방식으로 절대성에 닿으려는 모든 시도는 하나의 파국을 초래한다. 낭만주의적이고 황홀하고 융합적인 사랑이 악무한적인 심연 속에서 죽음에의 정념을 유발하듯 말이다. 사랑은 절대적인 하나에 이르는 초월적인 여정이 아니다. 사랑이 하나를 겨냥할 때 도래하는 것은 죽은 사랑이거나 미친 사랑이다. 절대 권력이 절대 부패하듯, 일자적인 사랑은 절대 사멸한다.

21 Badiou, *L'Immanence des vérités*, p. 481, V와 M은 필자의 삽입.

6. 작품의 이론

절대성에 관한 이러한 욕망에 경계를 촉구한 후에 바디우는 이제『진리의 내재성』의 핵심인 '작품[작업]œuvre'의 이론을 전개한다. 작품이란 무한의 능동적인 효과로 실존하는 유한이다. 그것은 유한하되 무한에 개방되어 있다. 반면에 찌꺼기[쓰레기]déchet란 무한의 수동적인 결과로 실존하는 유한이다. 그것은 유한의 굴레에 속박되어 있다. 작품의 이론이 중요한 까닭은 모든 진리가 세계 안에 물질적 실존성을 갖는 작품으로 구현되기 때문이다. 비유하자면 작품의 이론은 플라톤의 동굴의 비유에서 마지막 여정에 해당한다. 유한성의 동굴에서의 탈출, 무한성의 왕국에 대한 탐사를 거쳐, 우리는 이제 동굴로 되돌아와 절대성의 표식이 새겨진 작품을 창조하는 지점에 이른 것이다. 먼저 작품의 이론의 주요 테제를 보자.

1. 작품은 유한한 다수로서 규정된 세계에서 출현한다.
2. 하나의 세계는 세계 안의 다수에게 실존의 강도 및 등급을 부여한다.
3. 어떤 실존의 힘이 최소이고, 또 다른 실존의 힘이 최대라 할 때, 전자는 세계의 비실존자이며, 후자는 세계 안에서 (이 세계라는 상대적인 울타리 내에서는) 절대적으로 실존한다.
4. 사건이란 세계 안에서 최소의 값을 갖던 실존이 최대의 값

을 갖게 되는 변화를 가리킨다. 사건은 세계 속 법칙에 대한 국지적 예외를 이룬다.

5. 사건은 나타나면서 사라지는 것으로서 세계 안에 어떤 흔적을 남긴다.
6. 진리의 과정이란 세계에 영향을 미친 사건의 결과를 구축하는 것이다.
7. 주체란 사건의 결과 간의 연결망을 조직하는 심급이다.
8. (진리의) 작품이란 사건의 결과에 관련된 유한집합이며, 주체에 의해 구성된다.
9. 하나의 작품은 단독적인데, 이는 작품이 규정된 세계에서 취해진 유한한 재료로 이루어지기 때문이다.
10. 모든 작품은 보편적인데, 이는 존재론적인 관점에서 볼 때 작품을 구성하는 다수가 유적인 집합이기 때문이고, 현상학적인 관점에서 볼 때 작품은 자신이 출현한 세계 이외의 세계에서도 소생되고 재개될 수 있기 때문이다.
11. 유적인 다수는 기존의 술어에 의해 은폐되지 않는다.
12. 모든 작품은 절대적인데, 이는 작품을 이루는 유한한 다수가 서로 다른 무한의 상호작용에 따라 절대성의 어떤 속성과 관계를 맺기 때문이다.
13. 결국 모든 작품은 유한하고, 단독적이고, 보편적이고, 절대적이다.[22]

우선 12번째 항목에 대해 자세히 살펴보자. 여기서 핵심은

---

22 Badiou, *L'Immanence des vérités*, pp. 511~512.

"서로 다른 무한의 상호작용"에 있다. 작품의 유한에는 늘 두 가지 무한의 상호작용이 연루된다. 이로부터 바디우가 책의 서두에 제기한 역설적인 테제가 확증된다. **유한은 없다**. 유한은 하나의 결과에 지나지 않는다. 유한은 두 가지 무한의 상호작용의 결과물이다.

가령 정치의 경우에는 기존 체제를 개혁시켜 나가는 정치적 상황의 무한이 있는가 하면, 그러한 정치적 상황보다 더 강력한 힘을 발휘하는 국가의 무한도 있다. 그렇다면 정치적 진리의 도래 여부는 정치적 상황의 무한을 통해 국가의 무한을 얼마만큼 '고정'시킬 수 있는가에 달려 있다. 사랑의 경우 두 개인 간의 주체적 거리의 무한이 있는가 하면, 만남과 사랑의 선언 이후 사랑의 새로운 주체인 '둘'(우리는 장차 이 문제를 다룰 것이다)이 충실히 구축할 수 있는 무한도 있다. 그렇다면 사랑의 진리가 도래할지 여부는 사랑의 과정의 무한이 주체적 거리의 무한을 얼마만큼 '흡수'할 수 있는가에 달려 있다. 두 가지 무한의 상호작용이 어떻게 이루어지느냐에 따라 유한의 성격이 달라진다. 국가 권력을 조직적으로 제어하지 못한 대중 운동은 찌꺼기에 이를 것이고, 상호 간의 거리를 창조적으로 전유하지 못한 사랑의 여정 역시 찌꺼기에 이를 것이다. 반대로 국가 권력을 자기화해서 변형시키는 대중 운동은 해방의 정치라는 작품에 이를 것이고, 두 개인 간의 거리를 차이의 유희로 승격시키고 재창조하는 충실한 둘은 진리로서의 사랑이라는 작품에 이를 것이다.

작품의 이론이 갖는 의의를 좀 더 자세히 살펴보자. 앞서 지적했듯 작품의 이론의 중요성은 진리가 작품으로 구현된다는 사실에 있다. 바디우에 따르면 위대한 철학은 어떤 대가를 치

르더라도 진리의 개념을 구출해낸다. 그리고 진리에는 세 가지 성격이 있다. 첫째, 진리는 단독적이다. 즉, 환원 불가능한 서로 다른 진리들이 있다. 따라서 진리 간의 차이를 상쇄시키면서 추상적이고 공통적인 속성을 뽑아내기란 불가능하다. 둘째, 진리는 보편적이다. 진리는 사람들의 판단, 언어의 차이, 지각의 불확실성, 역사의 흐름에 의존하지 않는다. 어느 한곳에서 진리면 다른 모든 곳에서도 진리다. 진리는 상황의 차이를 넘어 전달되고 세계의 구조를 가로질러 공명한다. 셋째, 진리는 절대적이다. 다른 모든 존재 및 실존이 관점의 복수성 및 상황의 가변성에 영향을 받는 반면, 진리는 자신의 참된 존재를 영원히 고수한다. 여기서 진리의 보편성과 진리의 절대성의 차이에 주목하자. 보편성은 여전히 부정적으로 정의된다. 다시 말해 진리는 개인적·문화적·역사적 특수성에 의존하지 않는 한에서 보편적이다. 반면 절대성은 보편성과 특수성의 대립 바깥에 위치한다. 진리는 다른 모든 것과 독립적으로 오직 그 자체의 실재적인 현존에 의해 진리다. 스피노자가 말했듯, 진리는 일종의 '자기 지표index sui'다. 진리는 자기 자신과 거짓을 동시에 지시한다. 진리는 자기 자신과 거짓 모두에 통용되는 하나의 잣대가 된다. 진리는 세계의 특수한 법칙으로부터 벗어날 때 보편적이지만, 절대성의 속성에 대한 흔적을 지닐 때 절대적이다. 또 보편성과 특수성은 무한과 직접적인 관계를 갖지 않는 반면, 절대성은 무한과 직접적인 관계를 갖는다. 보편성과 특수성은 무한의 위계, 유한과 무한의 변증법, 찌꺼기와 작품의 대비를 알지 못하지만, 절대성은 작품의 형태로 유한과 무한의 변증법과 연관된다. 작품은 무한에 열린 독특한 유한으로서 진리의 절대성의 지표를 품고 있다.

여기서 핵심은 절대성의 족적·자국·표식 등으로 번역될 수 있는 '지표index' 개념이다. 작품의 이론에서 지표는 세 가지 기능을 한다. 첫째, 작품은 지표에 의해 무한성에 연동된다 indexée. 지표는 작품으로 하여금 자신의 존재론적 유한성을 넘어서게 해주는 가능성으로 작용한다. 형식적인 차원에서 살펴보자. 작품은 유적집합(기존 지식에서 빠져나오는 집합)의 부분집합이다. 그런데 모든 부분집합은 구성 가능성에 의해 은폐될 수 있다. 그러나 동시에 작품은 하나의 원소다.[23] 작품은 유적 부분집합의 원소인 동시에 구성 가능한 부분집합의 원소다. 그리고 원소로서의 작품은 모든 부분집합을 규정하는 구성 가능성의 은폐력에서 벗어난다. 나아가 작품에는 정태적인 측면과 동태적인 측면이 있다. 작품은 정태적인 측면에서는 유한해 보이지만 실제로는 동태적인 측면에서, 즉 진리 과정의 운동 속에서 존속한다. 그리고 작품의 동태적인 측면에서는 주체의 창조적 노고가 중요하다. 작품은 거저 주어지지 않으며 반드시 주체에 의해 창시되고 완성된다. 작품의 이러한 동태적이고 주체적인 측면이 지표를 구성한다. 이런 점에서 지표는 작품 안에 있는 동시에 작품의 유한성 바깥에 있다. 지표는 작품에 있어서 일종의 정원 외적인 흔적이다. 지표로 인

---

23 여기서 바디우는 집합론에서 중요한 구분, 즉 귀속(원소)과 포함(부분집합) 간의 구분에 근거해서 작품과 찌꺼기를 구분한다. 작품은 반드시 부분집합인 동시에 원소다. 가령 자동차는 어떤 점에서 하나의 작품일까? 자동차는 원소들(엔진, 범퍼, 오디오 등)이 모인 부분집합인 동시에 그 자체로 하나로 셈해지는 원소이기 때문이다. 반면 찌꺼기에는 귀속의 통일성이 없다. 그것은 원소로 셈해지지 않으며 오로지 부분집합으로만 셈해진다.

해 작품은 유한하기를 그친다. 작품은 그 존재에 있어서 유한하지만, 주체의 창조적 노고에 의해 동태적인 차원에서 지표성이 부각될 때 유한성을 관통해 무한성에 닿는다. 이에 지표는 찌꺼기와 작품을 본질적으로 구분하는 지침이 된다. 지표로 인해 작품은 찌꺼기와 달리 절대성의 흔적을 간직하기 때문이다.

사랑이라는 진리에서는 '나는 당신을 사랑해'가 지표의 역할을 맡는다. 그 지표는 사랑이 어떤 외적 상황과 무관하게, 덧없는 에피소드로 전락하지 않고, 그 자체로 자기 자신을 지시하면서 존재한다는 표식이기 때문이다. 역으로 '나는 당신을 사랑해'라는 지표의 부재는 사랑을 썸으로, 일탈로, 찌꺼기로, 하룻밤의 정사로 전락시킨다. 여기서 바디우가 네 가지 기수를 크기 순서대로, 즉 '작품의 기수 〉 유적 집합의 기수(정태적) 〉 구성 가능한 집합의 기수 〉 세계의 기수'로 제시한다는 점에 주목하자. 이에 맞추어 우리는 네 가지 유형의 '사랑해'를 구분할 수 있다. 첫째, 세계의 기수의 차원에 존재하는, 너무나 손쉽게 선언되고 덧없이 남발되는 '사랑해'가 있다. 둘째, 구성 가능한 집합의 차원에 존재하는, 계산적이고 조건적이고 기존 질서에 복무하는 '사랑해'가 있다. 셋째, 유적 집합의 기수의 차원에 존재하는, 사건적인 만남에 근거하지만 끝내 너무나 인간적인 유한성과 타협하는 '사랑해'가 있다. 마지막으로 작품의 기수의 차원에 존재하는, 사랑의 진리가 갖는 절대성을 주체적으로 재창안하는 '사랑해'가 있다.

세 번째 '사랑해'와 네 번째 '사랑해'에서 우리는 지표의 두 번째, 세 번째 특징을 엿볼 수 있다. 지표에 의해 작품은 유한에 종속되지 않고 무한에 열려 있다. 그러나 시간이 지날수록 작품의 정태적인 차원이 동태적인 차원을 압도한다. 작품도 새로운 구성 가능한 집합(유한성의 이데올로기 역시 늘 자신을 확장시키고 재발명한다)에 의해 은폐될 수 있다. 이때부터 작품은 하나의 '아카이브archive'로 환원된다. 작품은 일시적으로만 작품에 머물고 그 항구성을 상실한다. 그러면 지표의 힘은 약화되고 유한이 득세한다. 진리의 영원성이 아니라 시대의 뉴스가 기록된다. 가령 사랑의 영역에서 우리는 "독실한 가족주의에 의해 너무 빨리 삼켜진 빛나는 연인들"[24]을 통해 아카이브의 작용을 목도한다. 마찬가지로 권태에 침습된 사랑, 사랑을 재발명할 윤리를 망각한 사랑, 사랑했던 속성이 꼴 보기 싫은 속성으로 변형되는 사랑(어떤 속성, 즉 유한성에 얽매인 사랑은 그 속성 때문에 시작되지만 또한 그 속성 때문에 종결된다)에서도 아카이브는 작용한다. 그럼에도 작품은 모든 가능한 은폐로부터 해방될 가능성을 여전히 간직한다. 수학이 어떻게 은폐 및 유한성에 대한 최후의 보루로 작용하고, 유한성 너머의 가능성과 유한성의 궁극적 패배를 함축하는지 상기하자. 구성 가능하지 않은 집합이 있고(스캇 정리), 구성 가능한 집합에 의해 은폐되지 않는 집합이 있다(옌센 정리). 또 그 무한성이 너무나 거대해서 절대성을 증언할 역량이 있는 완전 기수가 있다. 실제로 완전 기수의 실존은 스캇 정리와 옌센 정리를 필연적으로 수반한다.

여기서 바디우는 지표, 완전 기수, 작품의 무한성을 연결시켜 '완전 지표index complet'라는 수학적-철학적 개념을 제기한

24 Badiou, *L'Immanence des vérités*, p. 524.

다. 완전 지표는 작품이 존재론의 차원이 아닌 사건의 결과가 주체적으로 구축되는 차원에 있음을 함축한다. 또한 완전 지표는 절대성의 속성의 실존을 함축한다. 작품은 완전 지표로 인해 절대성의 속성에 닿는다. 이에 지표index란 하나의 부싯돌silex, 즉 "절대적 섬광의 부싯돌silex de l'éclair absolu"[25]이다. 요컨대 작품의 이론에서 지표는 세 가지 기능을 한다. 지표는 작품을 유한으로부터 빼내고, 작품이 아카이브로 환원되는 것을 막고, 작품이 절대성에 접촉하도록 이끈다.

25 같은 책, p. 527.

7. 사랑의 작품

사랑은 독특한 둘에 관한 진리, 차이 그 자체에 관한 진리다. 다시 말해 사랑은 동일자 안에 타자가 깃들어 있음을 증언하는 진리다. "사랑의 작품이란 동일자—동일한 둘—안에서 차이의 환원 불가능성에 참여하는 것이다. 이로 인해 타자는 부정不定적으로 나 자신 안에 있다."[26] 둘의 진리로서의 사랑을 논의하기 위해 바디우가 자신의 대화 상대방으로 설정하는 이가 정신분석가 라캉이다. 라캉은 사랑이란 성관계의 결여를 보충하는 것이라는 테제를 제기한 바 있다. 바디우는 라캉의 테제를 이렇게 해석한다. 호모사피엔스를 포함한 모든 인간 동물은 종의 번식만 알 뿐, 타자의 변증법적 내재성을 알지 못한다. 그리고 라캉에게 성관계는 겉보기에만 '관계'에 해당한다. 성관계에서 실질적인 관건은 성적 개체 간의 관계가 아닌 오로지 종의 영속성에 있다. 가시적으로는 성교가 일어나더라도 구조적으로, 그리고 실재적으로는 아무런 관계도 형성되지 않는다. 여기서 바디우는 라캉과 함께 비관계가 성의 차원에 있음을 받아들이는 한편, 라캉을 넘어서 사랑은 어떤 관계를 만든다고 주장한다. 사랑은 성적 비관계와 질적으로 다른 것, 어떤 유사-관계를 만들 수 있다는 것이다. 이런 점에서 그는 사

---

26 Badiou, *L'Immanence des vérités*, p. 611.

랑이 "성적 비관계의 진리"이며, "둘의 상징적 힘"[27]을 보유한 진리라고 말한다. 나아가 바디우는 라캉과 달리 사랑과 성을 명확하게 구분한다. 사랑이 사건의 차원에 있다면, 성은 존재의 차원에 있다. 사랑이 우발적으로 일어난다면, 성은 구조적으로 주어진다.

그렇다면 사랑은 어떻게 우발적으로 일어나는가? 만남을 통해서다. 만남에는 두 가지 차원이 있다. 한편으로 만남은 대상적인 차원을 갖는다. 이때 사랑하는 이는 "나는 네 안에 있는 내 욕망의 대상을 사랑한다"라고 말한다. 가령 어머니의 특징을 갖고 있(는 것으로 보이)는 여인에게 끌리는 남자의 경우가 그러하다. 다른 한편으로 만남은 대상의 차원을 초과한다. 여기서 사랑하는 이는 욕망의 모호한 대상 너머에서 "나는 너를 사랑해"라는 일종의 전환을 경험한다. 여기서 사랑하는 이는 어떤 대상에 즉각적으로 끌리는 것이 아니라, 자신이 아무것도 알지 못하는 것, 연인의 '존재'라 불릴 법한 그 무엇을 사랑한다. 요컨대 성과 욕망이 부분적인 대상에 집중되어 있는 반면, 사랑은 부분적인 대상을 전체적인 존재를 통해 에워싸고 통합해낸다.

비관계 문제로 되돌아오자. 바디우는 비관계와 관련하여 두 가지 가능성이 있다고 말한다. 우선 사랑의 우연한 만남 이후에 쇠퇴와 해체가 곧바로 이어지는 경우가 있다. 여기서는 하나 더하기 하나가 둘보다 우선한다. 즉, 비관계가 관계를 압도한다. 반대로, 하나가 되는 것이 숭고할 정도로 매혹적이라

27 같은 책, p. 612.

서 죽음을 불사하는 치명적인 정념이 유발되는 경우가 있다. 여기서는 황홀한 관계가 비관계를 무화시킨다. 대체로 예술이 이러한 두 가지 가능성을 재현하고 노래하고 서사화하고 연출한다. 그러나 바디우에 따르면 사랑은 "하나 더하기 하나"나 "황홀한 하나"가 아니라 어떤 "둘의 무대la scène du Deux"를 조직하는 데 있다. 즉, 사랑은 비관계의 절대적인 우위나 관계의 절대적인 우위에 놓인 상태가 아니라 비관계에 맞서 관계를 구축하는 데 있다. 이런 점에서 라캉이 성관계의 결여와 그에 대한 보충으로서의 사랑을 말한다면, 바디우는 성관계의 결여가 사랑의 재료인 동시에 장애물임을 인정하면서 사건적인 만남과 둘의 무대로서의 사랑을 말한다. 사랑은 성이 할 수 있는 어떤 진리를 만들어낸다. 사랑은 성을 단순히 배제하거나 억압하는 것이 아니라 성을 변형시키고 자기화한다.

나아가 바디우는 성적 비관계를 순수한 이접으로 재명명하면서 세 가지 테제가 가능함을 지적한다. 첫째, 남자와 여자라는 두 입장 간에 순전한 분리만 있을 뿐, 양자 간에 아무런 공통 요소도 없는 경우다. 신학적으로 말하자면 소돔과 고모라, 현대적으로 말하자면 양성 갈등이 여기에 해당한다. 이를 '격리의 테제'라 부르자. 둘째, 남자와 여자라는 두 입장은 분리된 동시에 상호보완적이며, 두 입장을 (재)결합시키면 우리는 조화로운 인류 전체를 얻게 된다. 플라톤의 『향연』에서 제시된 '아리스토파네스의 신화'가 여기에 해당한다. 셋째, 남자와 여자라는 두 입장 간에는 일종의 교차점 μ가 존재한다. 즉, 양성은 거시적으로는 분리되어 있지만 완전히 분리되어 있지 않다. μ가 전반적인 비관계에 대해 국지적인 예외를 이루기 때문이다. 다만 μ는 공백을 제외하면 그 어떤 것과도 관계를 맺지 않는다. 즉, μ은 분석 불가능하고, 원자적이다. 그런데 이러한 μ 말고도 양성은 다양한 항을 공유한다. 그리고 이러한 다양한 항이 양성 모두에 귀속되는 일은 거의 무한에 이를 정도로 확장될 수 있다. 이 경우 우리는 비관계를 긍정하는 동시에 관계로 받아들여질 수 있는 어떤 것에 근접한다. 이를 '인류의 테제'라 부르자. 지나가는 김에 격리의 테제가 어떻게 여성적 '신비'와 관련되는지를 지적하자. 격리의 테제는 한편으로는 양성 간의 공통 요소 μ가 여성으로부터 도려내진다고 말한다. 이로 인해 여성은 공적 영역(양성에 공통적인 영역)이 아니라 사적 영역에 함몰된다. 다른 한편 격리의 테제에 따르면 어떤 요소도 여성을 남성에 연결시키지 않기에 여성이 점유하는 공간에 대해 남자는 아무런 지식도 갖지 못한다. 이로 인해 여성적인 것은 무한하게 팽창하게 되고, 여기서 여성성의 신비가 출현한다. 요컨대 격리의 테제는 여성성을 결핍되고 도려내진 것으로 격하시키는 동시에 무한하게 팽창된 것으로 격상시킨다. 반면에 인류의 테제는 두 성적 입장 간에 어떤 연결 지점이 있다고 말하는데 거기에는 여성성에 대한 이중적 태도 역시 존재하지 않는다.

이제 본격적으로 사랑의 이론으로 넘어가자. 사랑은 한편으로는 욕망의 원인으로 작용할 법한 어떤 분석 불가능한 대상에 이끌리는 것이지만, 다른 한편으로는 세계에 대한 공통된 탐험을 가능케 하는 둘의 지점을 구축한다. 여기서 두 가지 경우를 구분해보자. 만약 욕망의 대상 μ가 득세할 경우, 비관계를 배경으로 삼아 μ만 유통될 경우, 남성과 여성은 μ에 대한 오해에 빠져든다. 그리고 이는 관계의 결여로 이어진다. 그런데 만약 양성 간의 입장에서 μ를 덜어낼 경우, 두 성은 대상을 초과하는 존재의 차원에서 만난다. 전자의 경우 μ는 둘을 사라지게 만드는 불확정적인 하나로 기능한다. 후자의 경우 μ는 둘이 세계에 배치되도록 하는 매개체 중 하나로 기능한다. 그런데 사랑의 만남에서는 이 두 가지 경우 모두 일어날 수 있다. 다시 말해 μ의 기능은 이중적이다. 그리고 사랑 자체는 바로 이러한 이중적 기능을 실행하는 것과 다름없다. 즉, 사랑은 한편으로는 성적 욕망의 대상에 관한 오해로 점철되어 있고, 다른 한편으로는 세계에 대한 공통 경험의 기반을 구축할 수 있도록 허용한다. 이러한 이중적 기능으로 인해 사랑은 결코 똑바로 걷지 못하는 발걸음, 즉 "절뚝거림boiterie"이 된다. 정상적인 보행과 절뚝거림이 따로 있는 것이 아니라 오직 절름발이로 힘겹게 내딛어야 하는 걸음인 것이다. 그리고 이는 사랑이 숭고한 것도 비천한 것도 아님을 뜻한다. 오히려 사랑은 하나의 "노고labeur"다. 성적 비관계가 돌아오는 것을 피할 수 없고 욕망의 대상에 관한 오해를 막을 수 없으며 하나의 위력이 둘의 궤적을 수시로 침범하는 상황을 충실하고 집요하게 돌파해나가는 노고 말이다. 이런 점에서 사랑은 일종의 교차 운동이기도 하다. 사랑은 둘의 무대를 구축하기 위해 확장되기도 하고, 둘을 삭제하는 (그러나 둘의 확장의 잠재적 흔적만은 삭제하지 못하는) 원자적 대상을 향해 수축되기도 하는 운동이다.

여기서 바디우는 양성 모두에서 μ를 덜어냄으로써 형성되는 요소 t를 거론한다. t는 사랑의 과정에 내재적이고 비-성적인 모든 요소를 총칭한다. t는 세계에 대한 수많은 공유된 경험 및 실천을 통해 둘의 무대를 구성한다. 그것은 사랑 고유의 지속적인 측면과 관련이 있다. μ가 성적 비관계의 교착상태를 강화시키는 쪽으로 기능한다면, t는 성적 비관계를 재배치하는 쪽으로 기능한다. t로 인해 성적 비관계를 배경 삼아, 성적 비관계에도 불구하고 둘의 무대가 출현하는 것이다. 물론 t가 이렇게 활성화되는 것은 결코 필연적인 일이 아니다. 사랑은 t에 근거한 둘로 팽창될 수도 있지만 μ에 근거한 성적 욕망으로 수축될 수도 있다. 모든 것은 오직 주체적 노고의 과정과 방향에 달려 있다. 그리고 주체는 μ와 t 사이에서 동요하면서 둘의 무대를 향해 조금씩 나아간다. "사랑은 관계의 결여를 정초하는 불확정적인 것[μ]과 비관계에 대한 초과를 정초하는 불확정적인 것[t] 간의 차이에 대한 사건적인 정립이다."[28] 이러한 확립은 결코 일거에 이루어지지 않으며 본질적으로 과정적이다. 사랑의 둘이란 서로 독립된 두 개체에 대한 수적인 표현이 아니라 (t로 인해) 하나로 환원되지도 않지만 (μ로 인해) 하나로부터 완전히 떨어지지도 않는 불확정적인 과정이다. 사랑의 둘은 결코 선재하지 않으며 오직 내재적 구축을 통해서만 실존하는 과정이다.

끝으로 바디우는 "사랑의 작품œuvre amoureuse"을 이렇게 정의한다. "어떤 상황의 무한 안에서 시간적으로 유한한 단독성의 윤곽을 드러내는 것으로, 거기에서 섹슈얼리티를 포함해서 둘의 무한한 인류가 발화된다."[29] 사랑의 작품은 신비로운 하나도, 삼위일체적인 셋도 아니다. 그것은 내재적인 둘이다. 그것은 세계 안의 재료로 구축되며, 이에 유한하다. 그러나 사랑의 작품에는 지표가 있다. 지표는 둘의 힘, 차이 그 자체의 힘에 대한 무한한 반복을 제안한다. 지표로 인해 차이의 힘은 세계 전체의 힘과 견줄 수 있을 정도로, 나아가 사랑 고유의 세계를

28 같은 책, p. 623, μ와 t는 필자의 삽입.
29 같은 책, p. 624.

창조할 정도로 증폭된다.

흔히 연인들은 세상에 그들만 따로 존재한다고 일컬어진다. 그러나 정확히 말해 연인들은 둘의 관점에서 세계를 함께 경험하고, 그렇게 공유된 경험은 주체적인 반복을 통해 무한하게 확장될 수 있다. 사랑의 지표가 지속적으로 충실하게 작동되는 한, 사랑의 작품은 유한을 넘어 창조적인 무한에 닿는다. 그리고 거기서 우리는 사랑이라는 인류의 형상을 목도한다. 실제로 인류와 사랑을 연관시키는 것이 곧 철학 자체의 몸짓이다. 이 점은 바디우가 사랑의 작품에 관한 사례 연구로 제시하는 오귀스트 콩트Auguste Comte, 1798~1857에게서 잘 드러난다. 플라톤과 마찬가지로, 콩트는 철학적 체계를 구축하는 데 있어 사랑을 하나의 개념이 아닌 근본적인 경험으로 여겼다. 인간 경험의 구조를 행동[활동적인 것]actif, 사유[사변적인 것]spéculatif, 사랑[정서적인 것]affectif으로 구분한 콩트는 자신이 사랑했던 만큼이나 자신의 사유에 깊은 영감을 제공했던 클로틸드 드 보Clotilde de Vaux, 1815~1846에게 이렇게 쓴다. "완벽한 철학자가 되는 데 있어서 저에게는 심오하면서도 순수한 한 가지 정념이 부족합니다. 그 정념은 저로 하여금 인류의 정서적인 측면을 높이 평가하게 합니다."[30] 결국 철학은 이렇게 말한다. 인류는 성적 비관계 내부에 사건적인 단절점을 만들어낼 수 있고, 사랑의 작품을 통해 비관계라는 걸림돌을 둘이라는 디딤돌로 전환시킬 수 있다. 그리고 그때 인류는 사랑이라는 내재적인 절대성에 참여하게 된다.

30 같은 책, p. 633에서 재인용.

8. 사랑: 초-절대성과 그 사면

지금까지 우리는 바디우와 동행하면서 절대성의 여정으로서의 사랑에 대해 살펴보았다. 『진리의 내재성』이 운용하는 논증과 개념이 아무리 복잡하더라도 그것이 사랑에 대해 갖는 시사점과 함의는 단순하다. '유한-무한-작품'이라는 커다란 구조를 염두에 두면서 지금까지의 논의를 돌아보자. 인간 동물의 사랑은 감정·섹슈얼리티·돈·관계·가족·관습·제도·정체성·죽음과 같은 유한성의 장치에 의해 구성된다. 그런데 고전적인 유한성이 단순히 직접적인 억압을 유발한 반면, 현대적인 유한성은 보다 전략적인 방식으로 무한을 알아볼 수 없도록 은폐한다. 가령 동시대 한국사회에서는 연애 자본, 결혼 규범, 외모 지상주의, N포 세대, 양성 혐오, 공동체 붕괴 등의 장치들이 사랑의 위기를 초래하거나 특정 유형의 사랑만을 양산하게 한다. 그런데 철학은 자기 고유의 관심사인 진리로서의 사랑을 천명하면서 유한성의 장치와 단절을 요청하고 무한성으로 시선을 돌린다. 즉, 철학은 기존 법칙에서 빠져나가는 우연한 만남의 도래, '사랑해'의 선언에 내재된 책임감과 약속, 지속적으로 둘 간의 거리를 조정하려는 충실성, 그 과정을 통해 도래하는 사랑 고유의 기쁨과 행복이 철 지난 이야기나 역사 속 미담이 아니라 사랑의 실질적인 구성 요소임을 긍정한다. 이를 위해 철학은 큰 기수 이론이 제기하는 무한의 왕국을 탐사하고, 무한이 (구성 가능한) 유한과 근원적으로 이질적임을 논증한다. 우리는 이 논증의 핵심을 사랑과 관련시켜 이렇게 말할 수 있다. 관습·가족·유산·생계가 유한성의 사랑을 구성한다면, 사건적 만남·사랑의 선언·둘의 무대의 구축은 무한성의 사랑을 구성한다. 그러나 무한성의 사랑에도 반드시 절제되어야 하는 실재의 지점이 있다. 어떤 어긋난 무한성에의 유혹, 어떤 치명적인 절대성에의 유혹, 즉 사랑을 통해 하나가 되려는 정념의 유혹이 극복되는 한에서만 사랑은 생존할 수 있는 것이다. 이렇게 무한의 왕국과 절대성의 문제를 다룬 뒤에 우리는 다시 유한성으로 내려온다. 그러나 이제 우리 눈앞에 놓인 것은 더 이상 유한성에 매몰된 찌꺼기 같은 사랑이 아니라 유한함에도 불구하고 무한성에 연동된 작품으로서의 사랑이다. 사랑의 작품이란 성적 비관계의 난관을 받아들이면서 내재적인 둘을 지속적인 절뚝거림을 통해 충실하게 구축하는 데 있다. 그것은 사랑이 단독적이고 보편적일 뿐만 아니라 절대적임을, 다시 말해 하나의 완전 기수처럼 세계 전체의 힘과 맞먹을 정도로 강력한 둘의 무대를 창조할 수 있음을 뜻한다. 그리고 이때 비로소 사랑은 덧없고 허무한 불장난이 아니라 절대성의 지표를 품은 부싯돌로서 인류의 형상을 새롭게 비출 수 있다.

그럼에도 이러한 절대성의 여정으로서의 사랑은 대개 회의주의적 시선을 불러일으킬 수 있다. 가령 바디우는 절대성에 접근하는 데 있어 중요한 원리 중 하나로 '극대 원리principle of maximality'를 제시한다. 그에 따르면 그 어떤 지적인 존재도 그것을 규정하는 공리들로부터 그 실존을 모순 없이 추론할 수 있는 한에서 실존한다.[31] 이에 대해 한 비판자는 이렇게 주장할 수 있다. 진리로서의 사랑이란 극대 원리처럼 '사유=존재'라는 철학적 테제의 귀결일 뿐이다. 여기서 진리-사랑은, 고르와 같이 몇몇 예외적인 주체의 삶과 실천을 제외하면, 관념의 유희나 사유의 구성물에 불과하다. 그에게 진리-사랑이란 사랑을 수학에 봉합한 이론적 행위의 픽션이다.

다른 한편 진리-사랑은 사랑을 정치에 봉합한 결단주의적 행위의 결과라는 반론도 있을 수 있다. 가령 바디우는 ZFC 공리계의 일부인 선택 공리axiom of choice의 정치적 함의를 지적한다. 선택 공리에서는 기존 규범으로 설명할 수 없는 선택과 기존 법칙이 알지 못하는 재현이 일어난다. 그것은 가령 혁명적인 시위 현장에서 익명인 누군가가 마이크를 잡고는 시위 슬로건에 대해 즉흥 연설을 하는 상황과 비견될 수 있다. 이는 대의민주주의 체제의 일상적인 관례에 어긋나는 행위다. 의회민주주의 국가가 계산 가능한 조건과 신뢰할 만한 자격을 내세운다면, 선택 공리는 타이틀 바깥의 타이틀과 아무 권한도 갖지 않은 자의 역량을 제시한다. 나아가 선택 공리는 바디우가 그토록 비판하는 온라인 데이팅 시스템 및 가족과 상반되는 지점에 놓인다. 온라인 데이팅 시스템과 가족은 사랑이 몇몇 속성에 대한 계산 가능성 및 특정 조건에 대한 선행적 요구로부터 시작된다고 보기 때문이다. 이런 점에서 비판자는 바디우의 입장이 코뮤니즘적 정치적 주체를 자본주의-기술주의-가족주의 체제 바깥에 놓인 급진적인 사랑의 주체로 전치시킨 것에 불과하다고 말할지 모른다. 요컨대 이 두 가지 비판에 따르면 진리-사랑이란 "진리의 주체"라고 하는 철학적 전제에

31 Alain Badiou, 'Toward a New Thinking of the Absolute,' *Crisis & Critique*, Special Issue 1, 2014, p. 11.

힘입어 사랑에 특정한 수학적 공리 및 정치적 결단을 적용한 결과물과 다름없다.

이상이 바디우의 체계 외적인 비판이라면, 체계 내적인 관점을 취하는 비판도 가능하다. 가령 혹자는 유한과 무한에 대한 바디우의 접근이 지나치게 유한을 경시하는 방향으로 단순화되었다고 지적할 수 있다. 결국 우리가 거주하는 세계에는 무한의 왕국에서와는 달리, 유한한 것도 존재한다. 스피노자의 용어를 빌리자면 세계에는 무한 양태만 있는 것이 아니라 유한 양태도 있다. 집합론의 용어를 빌리자면 세계에는 무한집합만 있는 것이 아니라 유한집합도 있다. 물론 여기서 바디우는 자신이 결코 무한에만 치우치지 않으며, 작품은 무한한 것이 아니라 유한과 무한의 변증법적 관계의 구현이라고 재차 강조한다. 실제로 바디우는 유한으로부터 전적으로 단절된 것은 일종의 극좌파적 공상(바디우는 이를 '사변적 좌익주의gauchisme spéculatif'라 부르며, 그것은 전체주의의 또 다른 분신과 같다)에 지나지 않는다고 지적한다.[32] 관건은 유한으로부터의 부분적 단절 및 국지적 창조이지, 결코 광역적인 결별이나 전체적인 재창조가 아니다. 우리는 오직 유한의 위압에 맞서서만 무한의 위력을 긍정할 수 있다. 나아가 이러한 입장은 바디우가 『주체의 이론』(1982)에서부터 일관되게 제시한 것이기도 하다.[33] 이 책에서 그는 힘의 논리와 장소의 논리가 있을 때 힘의 논리만 강조하는 것(가령 들뢰즈의 카오스)이 극좌적

32 Badiou, *L'Immanence des vérités*, p. 266.

33 Alain Badiou, *Theory of the Subject*, trans. Bruno Bosteels, London: Continuum, 2009, pp. 206~207.

인 일탈이라면, 장소의 논리만 강조하는 것(가령 레비-스트로스나 라캉의 구조)은 극우적인 일탈임을 명시한다. 그럼에도 비판자는 바디우의 논변이 여전히 무한 중심주의에 해당함을 지적하는 동시에 한 걸음 더 나아가 특정 유형의 유한성, 즉 우리를 구속시키는 유한성의 이데올로기가 아니라 우리가 필연적으로 받아들여야 하는 유한성의 사실성을 환기시킨다. 그는 무한한 진리가 유한으로 분할되는 위협에 초점을 맞출 현실적이고 윤리적인 필요성을 제기한다. 바디우 자신이 지적하듯, "사랑의 작품이 가족의 상태 바깥에서 황홀경의 산발적인 순간들에 예정된 것처럼 보이는"[34] 한에서 말이다. 가족이라는 유한성과 황홀경이라는 어긋난 무한을 모두 경계하면서 작품적 무한성을 견지하는 사랑은 매우 드물다.

나아가 비판자는 모리스 블랑쇼Maurice Blanchot, 1907~2003와 함께 "재난은 절대적인 것이 아니라 절대성을 탈정향시킨다"[35]라고 말할 수 있다. 실제로 사랑의 드라마에는 행복만 있는 게 아니라 여러 가지 재난(엇갈림·소외·다툼·오해·불통·배신·이별·상실·파국·죽음)이 수반된다. 그리고 때때로 재난은 단순히 우리를 상대주의에 빠트리는 데 그치지 않고 절대성 자체를 재규정할 정도로 강력한 힘을 발휘한다. 한편으로 사랑은 일·가족·성·죽음에 의해 규정되는 유한한 실존에 대항해서 무한한 실존에 참여할 수 있는 가능성을 제공하지만, 다른 한편으로 사랑은 우리가 유한성의 올가미를 경시할 수

---

34 Badiou, *L'Immanence des vérités*, p. 560.

35 Rose-Paule Vinciguerra, *Femmes lacaniennes*, Paris: Éditions Michèle, 2014, p. 164에서 재인용.

없다는 사실을 준엄히 증언하기도 한다. 또 바디우에게는 세계의 크기가 도달 불가능한 기수라면, 사랑의 작품의 크기는 도달 불가능한 기수를 상위에서 포섭하는 완전 기수다.[36] 그러나 비판자에 따르면 세계의 크기에 압도당하고 완전 기수를 창출하는 데 실패한다고 해서 그것이 사랑이 아니라고 규정할 수는 없기에 진리-사랑은 매우 협소한 사랑의 외연만을 다루는 것이다. 요컨대 비판에 따르면 바디우의 입장은 사랑의 유한성이 갖고 있는 중요성과 심각성을 간과하고 경시한다.

이러한 비판들과 관련하여 독자들이 제각기 진리-사랑의 이론적·실천적 정당성이 보다 강화되거나 약화되는 조건에는 어떤 것들이 있는지 사유해보기를 바란다. 우리는 바디우의 충실한 독자인 피터 홀워드Peter Hallward, 1950~의 비판에 대한 바디우의 답변을 상기하자. 홀워드는 바디우가 경험적 세계의 다양성을 순수 다수의 묶음으로 환원하는 추상적인 사유를 전개한다고 비판한다. 혹자는 비슷한 지적을 절대성의 여정으로서의 사랑에도 제기할 수 있다. "도대체 사랑이 큰 기수의 이론과 무슨 관계가 있는가?" 이에 대한 바디우의 답변은 다음과 같다. "어떤 반론도 제기함 없이 나로서는 나의 의도를 공리화하는 것이 더욱 중요하다. 나는 내가 지지하는 발언들의 역설적인 폭력성을 완벽하게 알고 있고, 왜 그것들을 굳건하게 지지하는지 설명할 것이다."[37] 주목할 점은 2004년에 출간된 이

---

36 Badiou, *L'Immanence des vérités*, p. 518.

37 Alain Badiou, 'Some Replies to a Demanding Friend,' trans. Peter Hallward, in *Think Again: Alain Badiou and the Future of Philosophy*, London: Continuum, 2004, p. 232.

답변의 끝에서 이미 『진리의 내재성』의 핵심 테제가 고스란히 제시된다는 것이다. 플라톤의 동굴의 비유가 잘 시사하듯, 철학을 한다는 것은 꿈과 다름없는 일상적 삶에서 깨어나는 것이다. 깨어났을 때 비로소 우리는 아리스토텔레스의 말처럼 불멸자로 살아가며, 헤겔의 말처럼 절대성이 우리 곁에 있음을 느끼고, 니체의 말처럼 우리 안에서 우리 너머의 초인을 해방시킬 수 있다. 여기서 깨어남은 우리 자신을 "유한성의 인류학anthropology of finitude"으로부터 지킬 때만 가능하다. 철학의 본령은 유한성의 권력과 단절하고 유한성의 잠에서 깨어나는 데 있다. 이런 점에서 그 어떤 외재적 비판도 역설적으로 폭력적인 공리를 준수하려는 철학자의 열정을 꺾을 수 없고, 그 어떤 내재적 비판도 유한성의 지배에 맞서 싸우는 철학자의 용기를 꺾을 수 없다. 그 어떤 소피스트적 논쟁이나 허울뿐인 민주주의적 토론도 거부하면서 철학자는 형식적이고 공리적인 사랑의 이론을 제기할 것이며, 유한성의 권력에 저항하는 사랑의 진리를 선언할 것이다. 따라서 필자가 보기에 바디우와의 생산적인 대화 및 논쟁을 위해 필요한 것은 외재적·내재적 비판이 아니다. 오히려 그 어떤 미묘한 보충이 요구되는 것이다. 그리고 이러한 보충의 도구는 철학이 진리-사랑의 이론을 제시하기 위해 활용했던 바로 그 자료, 즉 라캉의 정신분석이다.

필자는 이러한 보충을 다섯 가지 쟁점으로 풀어나갈 것이다. 첫째, 유한과 무한의 문제가 있다. 『조건들』에서 바디우는 형식주의적 사유에 있어서 라캉을 자신의 스승으로 인정하면서도 라캉의 주체가 유한성에 머문다고 지적한다. 물론 어떤 라캉주의자는 모든 말하는 존재를 규정하는 팔루스 함수가 바디우적 유한성(구성 가능성)에 상응하는 한편, 팔루스 함수 너머에 있는 여성적 주이상스가 바디우적 무한성에 상응하기 때문에 라캉이 유한성에 머무는 것은 아니라고 주장할지도 모른다. 그러나 바디우가 보기에 유한과 성적 비관계 사이에는, 그리고 유한과 여성적 주이상스의 무한 사이에는 심층적 동일성이 존재한다. 바디우는 『세미나 19권』에 나오는 라캉의 다음과 같은 발언을 근거로 제시한다. "[충동들의] 유한성은 성관계 자체를 진정으로 탐구하면서 드러나는 불가능성과 접속된 것이다."[38] 여기서는 성관계의 불가능성을 배경 삼아 구조적인 유한성이 단언된다. 우리가 성관계를 통해 하나에 이르지 못한다는 사실과 우리가 타자의 육체를 부분 충동이 작용하는 부분 대상으로 쪼갠다는 사실에는 엄밀한 상관관계가 있다. 그러나 『세미나 20권』에서 라캉이 비전체pas-toute(여자는 논리적으로 내포적 전체에 의해 규정되지 않고, 따라서 보편성 및 일반성으로 정의될 수 없다)[39]로서의 여자에 대해 보다 본격적인 접근을 취할 때 사정은 약간 달라진다. "제가 여자가 비전체라고 말할 때, 이는 제가 팔루스 함수 안에서 사용될 수 있는 모든 것과 관련해서 무한의 영역에 있는 어떤 주이상스의 문제를 제기하기 때문입니다."[40] 여기서는 상기의 라캉주의자가 주장한 것처럼 팔루스적 유한, 말하는 존재의 유한, 충동의 유

38 알랭 바디우, 『조건들』, 이종영 옮김, 새물결, 2006년, 400쪽.

39 비전체에 대한 한 가지 논의로 필자의 『여자는 존재하지 않는다』(위고, 2020)를 참고할 수 있을 것이다.

40 Jacques Lacan, *Seminar XX: On Feminine Sexuality, the Limits of Love and Knowledge, 1972–1973*, ed. Jacques-Alain Miller, trans. Bruce Fink, New York: Norton, 1998, p. 103.

한 너머에 있는 여성적 주이상스의 무한이 단언된다. 그러나 바디우가 보기에 이는 여전히 불만족스러운데, 왜냐하면 여성적 주이상스의 무한이란 기껏해야 도달 불가능성으로서의 무한에 머물기 때문이다. 즉, 여성적 무한은 긍정적으로 무한하지 않다. 그것은 마치 신의 완전함이 인간의 불완전함을 초월하지만 어떻게 초월하는지 알 수 없는 것처럼, 팔루스 너머에서 말할 수 없이 부정적으로만 무한하다.

한편 『세미나 16권』에서 라캉은 히스테리증자가 주이상스의 무한한 지점을 절대성으로 상정한다고 지적한다.[41] 그러나 이러한 히스테리적 무한은 여성적 주이상스의 무한보다 더욱 더 유한성에 의해 규정된다. 임상적으로 히스테리는 불만족과 주이상스의 부재를 겨냥하기 때문이다. 히스테리의 무한은 철저히 부정적이다. 따라서 바디우는 라캉이 비록 칸토어를 언급하더라도 라캉적 무한이 칸토어 이전 단계에 머문다는 주장을 유지할 것이다. 이는 『진리의 내재성』에서도 명확하게 드러난다. "라캉이 『세미나 19권』에서 사람들로 하여금 ω보다 상위에 있는 무한이 허구에 불과하다고 믿게 만든 것은 유감스러운 오류였다. 여기서 그는 순수 이론의 차원에서 자신의 정치적 회의주의의 대가를 치렀고, 더 크게는 정신분석가들의 통상적인 태도인 합리적 염세주의의 대가를 치렀다. 정신분석가들이 죽음 충동에 의해 조장되는 평범한 비참함에 날마다 직면하는 한에서 말이다."[42] 프로이트가 말했듯 정신분석이

41 Jacques Lacan, *Le Séminaire XVI: D'un autre à l'Autre, 1968–1969*, ed. Jacques-Alain Miller, Paris: Éditions du Seuil, 2006, p. 335.

42 Badiou, *L'Immanence des vérités*, p. 323.

무의식에 접근함으로써 신경증적 비참함을 일상적 불행을 견디는 힘으로 전환시키는 것은 사실이다. 그러나 단순히 "바디우적 무한 vs 라캉적 유한(혹은 기껏해야 도달 불가능한 무한)"만으로 도식화할 수 없는 복잡한 쟁점이 있는데(이것이 두 번째 쟁점이다), 그것이 바로 분석 담론과 무의식의 위상 문제다.

『진리의 내재성』에서 바디우는 무의식에 대해 양가적이고 모순적인 태도를 취한다. 한편으로 그는 무의식이 유한성에 종속된다고 말한다. "모든 압제적인 시스템의 근본적인 존재론적 가설은 무엇이든 간에(**가령 어떤 개인의 무의식을 포함해서**) 유한성의 제한된 주권을 단언한다. 그런데 이는 존재하는 모든 것, 모든 다수성이 구성 가능함을 긍정하는 것과 같다."[43] 다른 한편으로 그는 무의식의 무한성을 옹호한다. 여기서 바디우의 문제의식은 데카르트의 신의 관념을 내재화하는 데 있다. 이를 위해 그는 라캉의 발언을 조금 비틀어 "신은 무의식 자체다Dieu est l'inconscient lui-même"라고 말한다. 즉, 우리의 의식적 표상은 신적인 무한을 알지 못하지만 우리의 무의식은 신적인 무한을 잘 알고 있다. "신은 무의식이다. 신이 우리가 의식적 수준에서는 몇몇 기호만 갖고 있는 잠재적이고 내재적이고 무한한 저장소인 한에서 말이다."[44] 나아가 바디우는 사건이 필연성에 종속되지 않는 어떤 요소를 통해 유한성의 울타리를 중단하는 것일 때 이러한 사건적 요소는 "무엇보다 무의식 안에 주체적으로 기입되며,"[45] 진리의 주체는 이러한 기입

43 같은 책, p. 268, 강조는 필자.
44 같은 책, p. 188.
45 같은 책, p. 188.

의 결과를 확실성을 통해 충실하게 전개하는 데 있다고 말한다. 또 정신분석이 말하는 "억압"이 유한성의 장치라면, 분석 작업은 무의식이라는 내재적인 무한을 통해 억압이라는 유한성의 장치를 해방시키는 데 있다고 말한다. 요컨대 무의식과 분석 작업은 단순히 유한 편향적인 것이 아니라 무한에도 맞닿는다.

그런데 여기서 정작 중요한 점은 바디우의 입장이 무의식에 대해 양가적이고 모순적이라는 비판 따위가 아니다. 오히려 쟁점은 양가성과 모순 자체가 무의식을 구성한다는 점에 있다. 무의식이란 유한성과 무한성의 뒤얽힘 그 자체다. 만약 개인의 무의식이 그토록 압제적인 유한성에 걸려 있지 않다면 어째서 내담자가 분석 작업에서 그토록 반복되는 연상을 하는지 알 수 없으며, 또 무의식이 내재적인 무한성을 함유하지 않는다면 어째서 분석 작업이 주체적 변화라는 실질적 효과를 낳을 수 있는지 알 수 없다. 유한성과 무한성의 뒤얽힘은 분석 작업에도 마찬가지로 적용된다. 정신분석은 유한한 특정 시공간(시간적으로는 IPA의 표준적인 상담 시간이든 라캉학파의 절분된 세션이든, 공간적으로는 분석가의 상담실이든 온라인줌 환경이든 간에)에 제약되어 있는 동시에 내담자로 하여금 매 분석의 사이-시간에 그리고 상담실 바깥-장소에 잠재되어 있는 삶의 무한한 변화 가능성을 활용하라고 장려하는 실천이기 때문이다. 여기서 라캉의 다음과 같은 발언을 상기하자. "욕망이 예속시키는 것을 분석은 주체화한다."[46] 분석은 해묵은 환

46 자크 라캉, 『에크리』, 홍준기·이종영·조형준·김대진 옮김, 새물결, 2019년, 732쪽(순서만 수정해서 옮김).

상에 붙들려 있는 병리적 욕망의 유한성으로부터 주체의 해방을 도모하는 데 있다. 2018년 11월 28일 시테필로Citéphilo에서 열린 좌담에서 바디우 또한 정신분석에 대해 비슷한 입장을 취했다.[47] 그는 라캉에게 무한이란 여성적 욕망의 독특한 형상이며, 이는 소포클레스로부터 유래하는 고전적인 입장에 해당한다고 말했다. 나아가 유한과 무한의 관계는 증상과 무의식의 관계와 같다고 덧붙였다. 분석 작업은 증상이라는 유한을 해체하기 위해 무의식이라는 무한을 가동시킨다. 무의식이 주체적 무한의 저장소인 한에서 분석 작업은 증상으로 표출되는 유한한 무의식적 형성물로부터 그 증상을 유발한 무의식적 구조로 거슬러 올라간다. 그리고 이러한 역사적 인과율 및 기표적 구조 내부에서 더 이상 인과율이나 구조로 설명되지 않는 실재적 간극, 즉 라캉이 대상 *a*라고 부른 것을 마주하게 된다. 이러한 마주침을 통해 주체는 자신의 구성적인 분열을 경험하고 새로운 주체화의 계기를 모색할 수 있다. 이런 점에서 우리는 첫 번째 쟁점인 "바디우적 무한 vs 라캉적 유한"을 미진한 단순화로 기각하면서 보다 섬세한 결론에 도달할 수 있다. 무의식과 분석 작업의 위상 문제에 있어서 라캉과 바디우는 서로 이론적·실천적 차이가 있음에도 공통 입장을 갖는다. 그 입장에 따르면, 무의식은 유한과 무한의 복합체이며, 분석 작업은 예속적인 유한성으로서의 증상을 다룸으로써 무한성으로서의 무의식에 근거한 해방적인 주체화를 겨냥한다.

세 번째 쟁점으로 넘어가자. 그렇다면 분석 작업에서 말하

---

47 다음을 보라. https://www.youtube.com/watch?v=6-sFK0ThZMM

는 "작업"이란 바디우가 말하는 "작품"과 어떻게 같고 어떻게 다른가? "작품"의 원어 "œuvre"가 "작업"이나 "일"로 번역될 수도 있다는 점을 고려할 때 이 문제는 섬세한 주의를 요한다. 우선 라캉에게서 작업travail과 찌꺼기가 사용되는 방식을 살펴보자. 라캉에게 작업은 "주인 담론"의 소산이다. 행위자인 주인이 타자인 노예에게 일하라는 명령을 내려서 생산되는 것이 작업이기 때문이다. "작업 시작!"을 외치는 자는 결국 주인이 아닌가? 또 작업은 사회적 효용성 및 가시적 실적만을 중시하는 자본주의 체제의 산물이다. 여기서는 "일하는 자만이 즐길 자격이 있다" 혹은 "열심히 일하라, 그러면 너희도 언젠가 즐길 수 있을 것이다"라고 말하는 초자아의 목소리가 주체에게 출몰한다. 그러나 작업이 주인 담론에만 귀속되는 것은 아니다. 작업은 분석 담론과도 연관된다. 실제로 라캉은 분석 담론을 "진리의 작업"으로 여겼다. 분석 작업은 무의식이라는, 주체가 알지 못하는 구조적 "지식"에만 관련되는 것이 아니라 성·트라우마·죽음·육체적 증상처럼 말할 수 없고 고통을 유발하는 "진리"와도 관련된다. "작업으로서의 진리, 이는 우리의 경험 안의 어떤 것에 매우 예민한 유비입니다. 분석 담론은 진리의 작업으로서 고통스러운 만큼 더욱더 명백합니다."[48]

찌꺼기에 관해 논하자면, 라캉적 찌꺼기는 바디우적 찌꺼기와 전혀 다른 함의를 갖는다. 가령 『세미나 15권』에서 라캉은 찌꺼기가 분석 행위와 양립 가능하다고 말한다.[49] 분석 행

48 Jacques Lacan, *SXVI*, pp. 199–200.

49 Jacques Lacan, *Seminar XV: The Psychoanalytic Act*, 1967년 12월 6일 수업(미출간).

위가 찌꺼기와 양립 가능한 이유는 분석가가 내담자의 상징계 바깥으로 밀려난 해석 불가능한 주이상스를 포착하고 내담자의 주체적 실재를 비추는 찌꺼기로 기능하기 때문이다. 라캉이 토마스 아퀴나스를 원용하며 말하듯, 분석가는 "배설물 혹은 먼지처럼sicut palea" 추락하는 운명을 견뎌야 한다. 찌꺼기는 분석가가 그 자신의 물리적 현존을 제외하면 "실재"의 차원에서는 분석가가 아니며 하나의 상블랑[유사물]semblant, 즉 내담자의 주체화를 위한 도구에 불과함을 함축한다. 실제로 분석 초기에 분석가는 내담자의 무의식에 대해 "알고 있다고 가정된 주체"의 자리, 즉 이상화된 지점 I에 놓인다. 그러나 분석 작업이 진행되면서 분석가의 위상은 찌꺼기 a로 격하된다. 이것의 기능은 오직 내담자가 자신의 실재에 직면하여 불투명한 주이상스를 가지고 살아갈 수 있는 법을 찾아내도록 권장하는 데만 있다.

여기서 『세미나 21권』의 "문명은 하수구다"[50]라는 라캉의 테제를 강박증과 연관시켜보자. 강박증자는 의식적으로는 사랑하지만 무의식적으로는 증오한다. 즉, 그는 지나치게 문명화되어 있어서 마음 가는 대로 사랑하는 것이 아니라 사랑해야만 하기에 증오를 억압하며, 여기서 형성된 양가감정이 다양한 의례적 증상(세기, 씻기, 확인하기, 반추하기)을 유발한다. 이렇게 어리석음의 진실 혹은 진실의 어리석음을 상징하는 증상과 함께 그는 문명 속의 불만을 구현한다. 그렇다면 정신분석가 드니즈 라쇼Denise Lachaud가 지적하듯, "모든 말하는 존재

---

50 Jacques Lacan, *Seminar XXI: Les non-Dupes Errent*, 1974년 4월 9일 수업(미출간).

가 억압한 것을 강박증 환자가 소리 높여 말할 수 있다는 것이 오히려 더 다행스러운 일이 아닐까? **태초에 증오가 있었다**고 말이다."[51] 강박증자가 증오를 말할 수 있는 것은 다행스러운 일이다. 게다가 분석가가 문명 속의 하수구로서 강박증자의 증오를 소화하는 것은 더욱 다행스러운 일이다. 분석가의 그러한 찌꺼기 기능만이 강박증자가 새로운 방식으로 사랑하기를, 자신의 욕망에 충실하기를 유도할 수 있기 때문이다. 여기서 바디우가 『진리의 내재성』에서는 물론이거니와 다른 작업에서도 자주 인용하는 『세미나 20권』의 한 구절을 참고하자. "사랑은 만남에서 존재 그 자체에 접근한다."[52] 그러나 실제로 라캉은 이 구절 직후에 곧바로 사랑의 관건은 서로 만나지 못하는 존재, 즉 성관계의 결여에 기입된 존재에 있음을 밝히면서 진정한 사랑은 증오에 양보한다는 테제를 제기한다. 존재에 대한 접근인 사랑과 만나지 못한 존재에 대한 접근인 증오는 서로 맞물려 있다. 실제로 정신분석이 보고하는 최초의 진리에 따르면, 사랑은 곧 애증이다.[53]

마지막으로 라캉이 분석 작업을 "예술작품œuvre d'art"과 연관시키는 텍스트를 살펴보자.[54] 라캉은 프로이트적 쾌락원칙의 핵심이 자극을 최소한으로 조절하는 데 있다고 지적한다.

---

51 드니즈 라쇼, 『강박증: 의무의 감옥』, 홍준기 옮김, 아난케, 2007년, 375쪽.

52 Jacques Lacan, *SXX*, p. 145.

53 Jacques Lacan, *Seminar XXII: RSI*, 1975년 4월 15일 수업(미출간).

54 Jacques Lacan, 'Le plaisir et la règle fondamentale — Intervention à la suite de l'exposé d'André Albert,' *Lettres de l'École Freudienne* 24, 1978, p. 24.

쾌락원칙은 정상과 비정상을 나누는 규범적이고 보수적인 장치에 다름없다. 그러나 쾌락원칙은 어떤 역설적인 쾌락, 즉 주이상스라고 하는 덫에 의해 탈구된다. 분석은 우리 각자가 지닌 주이상스의 양태인 증상을 하나의 특수성으로 다룬다. 그런데 몇몇 사례에서 분석은 주체의 증상-특수성을 계속 다룸으로써 주체로 하여금 하나의 단독성, 하나의 이름, 하나의 운명에 도달하게 한다. 라캉은 이러한 주체적 단독성을 "예술작품"에 비유한다. 분석 작업은 어떤 주체가 특수한 증상을 통과하여 자신의 단독적인 운명과 화해하도록 재촉한다. 그러나 라캉은 이것이 분석가의 본의는 아니라고 말한다. "분석가의 의도는 어떤 이로 하여금 자기 이름이나 예술작품을 만들도록 이끄는 것이 아닙니다. 그것은 그로 하여금 그에게 단독적인 것으로 제공된 것의 좋은 구멍을 통과하도록 부추기는 데 놓여 있습니다."[55] 분석은 때로 내담자의 삶을 하나의 예술작품으로 변화시킬 수 있다. 그러나 분석가의 본의는 오히려 내담자로 하여금 아무리 힘겹게 도달된 작품일지라도 그 작품의 구멍을 통과하도록 이끄는 데 있다. 가령 멜랑콜리 임상에서 쟁점은 내담자로 하여금 어떻게 말이 실패하는지 담아낼 수 있는 말을 탐색하고 창조하기를 격려하는 데에 있다. 멜랑콜리적 주체가 회복 불가능한 상실(구멍)이 일어난 지점에서 말과 사물 간의 급진적인 분리로 인해 고통받는 한에서 말이다. 쟁점은 단순히 작품의 창조에 이르는 것이 아니라 구멍을 통해 무언가를 창조하고 또 그러한 창조를 통해 구멍을 보존하

55 같은 곳.

는 것이다.

이렇게 볼 때 라캉의 '작업-찌꺼기-작품'의 개념적 배치는 바디우의 '작품 vs 찌꺼기'의 개념적 배치에 대해 흥미로운 효과를 유발한다. 라캉에게 작업은 주인의 명령의 결과물이면서도 진리의 작업이다. 찌꺼기는 임상적 기능으로서 긍정적 가치를 갖고, 작품이 특수성 너머의 단독성으로 간주됨에도 불구하고 분석 작업의 본령은 작품의 구멍을 통과하도록 하는데 그 의미가 있다. 그리고 바디우에게 작품이 무한의 능동적 효과로서의 유한이라면, 찌꺼기는 무한의 수동적 결과로서의 유한이다. 그런데 라캉적 삼항(작업-찌꺼기-작품)은 바디우적 작품의 관점에서 볼 때 미완성이거나 불완전한 것이 아니다. 그렇다고 그것들이 그저 수동적인 찌꺼기에 속하는 것도 아니다. 라캉적 삼항은 오히려 작품과 찌꺼기의 바디우적 구분(바디우에게 이 구분은 진리와 의견 간의 플라톤적 구분만큼이나 절대적이다)을 어지럽히고 약화시킨다. 그것은 작업의 양가성에 주목하고, 찌꺼기에 내재된 유사-작품적 가치를 밝히고, 작품의 구멍에 초점을 맞춘다. 요컨대 그것은 작품과 찌꺼기가 뒤얽혀 있을 가능성을 시사한다. 이런 점에서 바디우의 다음 발언은 우리의 논의에서 시사하는 바가 크다. "유한과 관련하여 작품을 만들어내는 일은 너무나 많은 찌꺼기[쓰레기]를 움직이는 것에 노출되기에 우리는 매 순간 작품을 중단하고 몇몇 행위에 만족하는 위험을 무릅쓴다. 그러나 이러한 행위마저도 작업에 관한 것이 아니라면 그것은 아무것도 아니다. 만들기 위해서는 치우기를 계속해야 하며, 이 때문에 모든 작품은, 마치 건설 현장에서처럼, 그것이 움직여야 했던 모호하고 식별 불가능한 쓰레기더미를 실어가야 하는 것이다."[56]

여기서 작품과 찌꺼기의 정언적인 구분이 누그러진다는 사실에 주목하자. 작품 제작과 쓰레기 처리는 공존한다. 좋은 작품을 만들기 위해서는 찌꺼기를 잘 치워야 한다. 심지어 쓰레기 더미가 예술적 가공을 통해 작품으로 변모되는 경우도 있다. 예술가 벤야민 폰 봉Benjamin Von Wong, 1986~과 조슈아 고Joshua Goh, 사회 활동가 로라 프랑수와Laura François가 수백 명의 자원봉사자와 함께 제작한 "플라스티코포비아Plastikophobia" 프로젝트를 보자.[57]

이 프로젝트는 싱가폴의 식료품 가게에서 취합된 1만 8천 개의 플라스틱 컵으로 이루어진 대형 설치작품을 통해 일회용 쓰레기가 환경에 미치는 영향력을 환기시킨다. 프로젝트의 제목이 설령 병리적인 증상(포비아)을 거론할지언정 그것의 가시적 효과는 플라스틱을 사용하는 모든 현대인에게 다음과 같은 정치적-환경적 메시지를 던질 정도로 강력하다. "이제 인류는 자신이 지구의 주인이 아니라는 사실에 포비아에 가까운 경각심을 가질 때가 되었다." 나아가 이 프로젝트는 플라스틱 더미를 크리스털 동굴로 변형시킨다는 점에서 바디우가 동시대 예술에 대해 견지해온 비판적 관점, 즉 예술은 죽음·폭력·성·육체의 노골적인 전시가 아니라 새로운 형식의 창조라는 관점에도 부합한다. 이렇게 볼 때 이 프로젝트는 작품과 찌꺼기에 대한 우리의 통념을 해체하면서 예술적인 진리 절차에서 작품과 찌꺼기가 이항 대립적이라기보다는 상호 보충적임을

---

56 Badiou, *L'Immanence des vérités*, p. 462.

57 다음을 보라. https://www.youtube.com/watch?v=F6A4vGKO-QE4&feature=youtu.be

보여준다.

그렇다면 작품과 찌꺼기의 보충 관계는 사랑에서 어떤 형태로 드러날까? 여기서 네 번째 쟁점, 즉 라캉적 성관계의 결여와 바디우적 둘의 무대로 넘어가자. 바디우에게 있어서 성적인 것을 자기화하지 못한 사랑, 성적 비관계의 난관을 어떤 식으로든 돌파하지 못한 사랑은 찌꺼기에 머문다. 성적 비관계의 난관에 지속적으로 맞서면서 둘의 무대를 구축하는 데 도달한 사랑만이 작품이 될 수 있다.

흥미롭게도 라캉 역시 그 자신의 방식으로 서로 다른 곳에서 비관계와 둘 모두를 중시한다. 한편으로 라캉은 성관계란 없다는 정신분석의 공리를 철저히 준수한다. 심지어 분석 담론마저도 성적 비관계라는 한계를 넘어설 수 없다. "나는 관계의 부재야말로 말하는 이로 하여금 실재에 접근하도록 하는 것이라고 말하지만, 그럼에도 그 새로운 담화를 통해 그 관계를 기대할 수 있다는 뜻은 아니다."[58] 그러나 다른 곳에서 라캉은 관계rapport가 아닌 유대lien와 둘을 연결시킴으로써 분석 담론의 독특성이 "둘의 유대"를 만드는 데 있다고 말한다. "사회적으로 정신분석은 여타 담론과 다른 일관성을 지닌다. 그것은 둘의 유대lien à deux다. 이 때문에 정신분석은 성관계의 결여의 자리에 놓인다."[59] 내담자와 분석가의 유대는 성적 비관계를 극복하고 초월하는 데 있지 않다. 성적 비관계는 분

---

58 자크 라캉, 『자크 라캉 세미나 11: 정신분석의 네 가지 근본개념』, 맹정현·이수련 옮김, 새물결, 2008년, 425쪽.

59 Jacques Lacan, "The Third," in *The Lacanian Review: Get Real*, 07, Spring, 2019, p. 87.

석 담론에서 가장 극적으로 작동한다. 동시에 둘의 유대가 성적 비관계의 자리에서 (바디우의 용어를 쓰자면) 정원외적인 surnuméraire 것으로 도래한다. 또 바디우적 둘의 무대가 선재하지 않고 비-성적인 사랑의 요소를 공통으로 탐색하며 서서히 구축되듯이, 라캉적 둘의 유대 역시 선행적으로 존재하는 것이 아니라 주체적 실재에 대한 지속적인 상징화를 통해 서서히 정립된다. 이런 점에서 라캉이 비관계의 실재를 중시하고 바디우가 둘의 진리를 중시한다고 보는 것은 도식적이고 단순화된 문제틀이다. 오히려 라캉과 바디우 둘 다 사랑이 성적 비관계의 난관에 부딪힌다는 근본적인 문제 상황을 인정할 뿐 아니라 더 나아가 그러한 문제 상황에 좌절하거나 포기하기보다는 그에 맞서 지속적으로 분투해야 한다는 점을 각기 다른 용어(바디우의 '둘의 무대', 라캉의 '둘의 유대')를 통해 지적한다고 할 수 있다. 라캉적 관점에서 바디우가 사랑의 진리를 통해 비관계의 난관을 손쉽게 철학적으로 지양한다고 말하는 것(바디우는 오히려 절뚝거림을 말하고 있으며, 만약 비관계의 영향력이 없다면 사랑은 결코 절뚝거리지 않을 것이다)만큼이나 바디우적 관점에서 라캉이 둘의 진리의 가능성에 대한 회의주의 때문에 비관계의 난관에 염세적으로 매몰되어 있다고 말하는 것(라캉은 오히려 정신분석 담론의 일관성이 비관계의 자리에 둘의 유대를 설정하는 데 있다고 말한다)은 일면적이고 소모적이다. 오히려 그러한 논쟁으로부터 다음과 같은 공식을 도출하자. 사랑은 비관계와 둘의 독특한 뒤얽힘이다.

마지막으로 절대성의 문제가 있다. 여기서는 바디우적 절대성이 라캉에 의해 보충되는 방식에 초점을 맞춰보자. 라캉은 자신의 지적 여정에서 서로 다른 절대성을 언급한다. 가령 그는 인간 주체에게는 죽음이 곧 절대적 주인이라고 말한다.[60] 또 그는 여자가 남근 중심주의적 변증법에서 절대적 타자를 재현한다고 말한다.[61] 또 그는 알고 있다고 가정된 주체로서의 분석가에게 분석자의 욕망이 투영되고 전이가 형성되는 절대적 지점을 언급한다.[62] 또 그는 앞서 살펴봤듯 히스테리증자가 자신의 주이상스를 절대적인 것으로 상정한다고 말한다. 여기서 앞에 나온 "작품의 구멍"을 통해 또 다른 라캉적 절대성을 제안하자. 이 구멍은 성적 비관계의 구멍일 것이다. 즉, 어떤 분석자가 마치 지난하게 예술작품을 창작하는 과정을 겪듯이 자기 주체성의 특수한 증상을 작업하여 하나의 단독적인 운명을 창조하더라도, 그는 여전히 성적 비관계의 구멍 앞에서 절제해야 하고 겸허해야 한다. 또 애당초 분석가는 분석자가 작품을 만들기보다는 작품의 구멍을 통과하도록 격려한다. 이런 점에서 성적 비관계의 구멍은 정신분석의 궁극적인 종점이다. 동시에 구조적인 난점이기도 하다. 가령 『세미나 18권』에서 라캉은 신경증자의 담론에서 성적 비관계란 어떤 구조의 중심에 있는 공백과 같은 구성적인 간극이라고 말한다.[63] 성적 비관계는 어떤 법적·사회적·담론적 관계에 의해서도 메워질 수 없는 환원 불가능한 공백이다. 요컨대 성적 비관계는 말하는 동물

60 Jacques Lacan, *Écrits: The First Complete Edition in English*, trans. Bruce Fink, New York: Norton, 2006, p. 98.

61 Lacan, *Écrits*, p. 616.

62 라캉, 『세미나 11』, 384쪽.

63 Jacques Lacan, *Le Séminaire XVIII: D'un discours qui ne serait pas du semblant: 1971–1972*, ed. Jacques-Alain Miller, Paris: Seuil, p. 166.

의 난점인 동시에 종점이며, 여기에 라캉적 절대성의 한 가지 형상이 있다. 라캉에게 절대성은 하나의 구멍이자 공백이다. 그렇다면 사랑의 형상은 어떤 영원성이나 조화에 있는 것이 아니라 오히려 모든 영원성과 조화가 용해되는 곳에서 성적 비관계의 구멍에 당황하고 고통받거나 그 구멍을 메우는 방법을 만들어내는 데 있을 것이다.

성적 비관계의 구멍이 바디우적 절대성에 대한 한 가지 라캉적인 답변이라면, 또 다른 라캉적인 답변도 있다. 그것은 일자의 문제다. 라캉적 일자는 사랑이 황홀한 하나에 도달하려 할 때 도달되는 것은 절대성이 아니라 오히려 파국이라는 바디우의 핵심 논점이 형성되는 데 그 무엇보다 깊숙이 관여한다. 그럼으로써 라캉적 일자는 바디우적 절대성을 보충하는 실재의 지점을 환기시킨다. 이를 좀 더 자세히 살펴보자.

우선 바디우적 절대성의 특징을 상기하자. 바디우는 절대적 실체를 모든 집합론적 다수-존재가 사유될 수 있는 장소 V로 상정한다. 그런데 장소 V는 열려 있는 동시에 닫혀 있다. 그것은 공집합에서 시작해서 완전 기수 및 그 이상에 도달하는 수직적 구조를 갖고 있기 때문에 열려 있다. 그런데 바디우에 따르면 사랑은 공집합과 큰 기수의 무한한 다수성 모두에서 드러난다. "다수성과 다수성의 텅 빈 심장[공집합]의 힘은 (…) 무한에 이르는 순수한 차이의 체계적 유희(사랑)에서 증언된다."[64] (한 가지 유의하자. 바디우의 존재론적 구도는 집합론을 따르기에 원자론적이지 않다. 다시 말해 우리가 어떤 다수

64 Badiou, 'Some Replies to a Demanding Friend,' in *Think Again*, p. 234.

를 계속 쪼개서 끝도 없이 그 기원을 탐색했을 때 마주하는 것은 어떤 실체적인 단위가 아니라 아무런 원소도 갖지 않는 집합, 즉 어떤 존재가 아니라 공집합이라고 하는 하나의 불확정적인 이름이다.) 이런 점에서 바디우적 사랑은 공백과 무한한 다수성 모두에 관련되며, 공백에서 완전 기수에 이르는 상승 운동 곳곳에 스며들어 있다. 그러나 쿠넨 정리가 밝히듯, 이러한 상승 운동은 끝없이 이어질 수 있는 것이 아니며, 이런 점에서 V는 닫혀 있다. 상승 운동에는 한계가 있고, 이러한 한계가 절대성의 실재를 구성한다.[65] 달리 말해 절대성의 장소에서 끝도 없는 연쇄는 불가능하다. 그러나 이런 절대성의 실재를 망각하고 V를 V에 '기본 임베딩'함으로써 절대성과 특권적인 관계를 맺는 궁극의 기수에 도달하려는 유혹이 있을 수 있다. 사랑에서 이러한 유혹은 융합적인 하나에 도달하려는 욕망으로 드러난다. 사랑의 절대성이 공백과 무한에서 증언되는 한편, 그 절대성은 하나되기에 대한 유혹이라는 치명적인 난점을 동반한다. 그렇다면 사랑은 둘의 힘을 무한의 왕국의 상승 운동에 적용시키는 동시에 그 상승 운동의 한계를 수용함으로써 하나되기에 대한 유혹을 경계할 때에만 절대성을 유지할 수 있다. 상승 운동의 한계를 수용하지 않는 사랑은 실재에 의해 좌초될 것이다.

우리의 논의에서 중요한 것은 바디우적 절대성이 일자와 맺는 관계다. 물론 둘의 무대로서의 사랑이 하나에 종속되어 있는 것은 아니다. 그럼에도 그것은 하나로부터 분리되지 않

65 Badiou, *L'Immanence des vérités*, p. 681.

는다. 둘의 무대는 오직 절뚝거림을 통해서만 구축되고, 절뚝거림으로서의 사랑은 일자의 권력과 둘의 노고 사이에서 끊임없이 동요하기 때문이다. 따라서 충실성을 통해 둘의 노고를 지향한다고는 말할 수 있지만, 둘의 노고가 어떤 이상적인 상태로 존재한다거나 둘의 노고가 일자의 권력으로부터 본래적으로 자유롭다고 말할 수는 없다. 사랑의 주체는 일자에의 치명적인 유혹을 통과하지 않을 수 없다.

그리고 바디우가 지적하듯, 라캉은 그 누구보다 사랑과 일자의 문제에 지속적으로 관여해왔다. 라캉 반철학에 관한 세미나에서 바디우는 라캉적인 일자에 대한 분석을 시도한다. 라캉에게는 두 가지 유형의 일자가 있다. 첫 번째 유형의 일자는 형이상학적 존재에 의해 지탱된다. 여기서 우리는 "일자가 있다"라고 말한다. 두 번째 유형의 일자는 정신분석적 탈-존재désêtre에 의해 지탱된다. 여기서 우리는 "일자 같은 것이 있다"라고 말한다. 전자가 상블랑(유사물)을 통해 실재를 종속시킨다면, 후자는 실재에 관해 새로운 지식을 낳는다. 또 바디우는 일자의 자리를 차지하는 남자가 타자로서의 여자를 향해 사랑의 탄식을 한다는 라캉의 발언을 소개한다. 또 바디우는 사랑이 철학 담론의 중심에 있다는 라캉의 테제에 근거하여 철학에서 말하는 진리에 대한 사랑(철학이라는 진리에 대한 사랑!)이 권력에 대한 사랑이라면, 라캉이 말하는 진리에 대한 사랑은 무력함에 대한 사랑임을 역설한다.

비록 이상이 라캉 반철학에 대한 정교한 분석이기는 하지만, 바디우적 절대성이 라캉적 일자에 의해 보충되는 방식에 대한 단서라고 볼 수는 없다. 우리가 보기에 그러한 단서는 환상적인 일자의 형식으로 구현되는 성관계에서 찾을 수 있다.

『세미나 20권』에서 라캉은 성관계의 일자와 집합론적 일자를 구분한다. 전자가 융합적이고 자연적인 사랑과 관련된다면, 후자는 이산적이고 탈자연화된 단위와 관련된다. 여기서 라캉의 문제의식은 집합론적 일자의 형식주의적 엄밀함을 통해 성관계의 일자와 같은 상상적인 신기루를 해체하는 데 있는 것처럼 보인다.

그런데 라캉은 아이러니한 어조로 사랑의 환상적인 현실을 기꺼이 받아들인다. "우리 모두는 물론 알고 있습니다. 둘이 결코 하나가 될 수 없음을 말입니다. 하지만 그럼에도 불구하고 우리는 하나입니다. 사랑이라는 생각은 거기서 시작됩니다."[66] 우리는 둘이 하나가 될 수 없음을 알고 있지만 그럼에도 하나를 이루고, 나아가 하나라고 믿는다. 이런 과정 없이 사랑은 시작되지 않는다. 결국 사랑에 근거를 제공하는 것은 성관계의 일자(성관계를 통해 드러나는 하나)다. 여기서 주목할 점은 하나가 되는 사랑의 결과가 결코 상상적이지 않으며 실재적이고, 통합적이라기보다는 파편적이며, 파괴적인 효과를 유발한다는 것이다. 가령 오시마 나기사大島渚, 1932~2013 감독의 영화 〈감각의 제국〉(1976)을 보자. 영화 속 여자 주인공은 남자 파트너와 온전한 하나가 되려는 급진적인 에로티시즘을 추구하는 과정에서 파트너의 생식기를 절단한다. 『세미나 23권』에서 라캉은 이 영화가 상징적 팔루스에 대한 여자의 환상과 관련된다고 말한다.[67] 따라서 영화의 핵심 수학소는 성별화 공식

66 Lacan, *SXX*, p. 47.

67 Jacques *Lacan*, *Seminar XXIII: The Sinthome*, trans. Adrian Price. Cambridge: Polity, p. 107.

에서 여자의 입장에 놓여 있는 $S(\cancel{A})$가 아니다. $S(\cancel{A})$는 성애의 파트너로서 나에게 꼭 맞는 타자가 존재하지 않음을 뜻하기 때문이다. 반대로 영화의 수학소는 성별화 공식에서 남자의 입장에 놓여 있는 Φ이다. Φ가 물리적인 차원에서의 파트너 너머에 있는 사랑의 대타자를 지시하는 한에서 말이다. 이것이 또한 라캉이 여주인공의 환상은 남자를 죽이는 것이 아니라고 말하는 이유다. 남자는 여주인공의 진정한 파트너가 아니다. 여주인공의 진정한 파트너는 사랑의 대타자다. 또 라캉은 이렇게 말한다. "여자의 환상과 관련해서 (…) 어떤 식으로든 만남을 저해하는 무언가가 있습니다."[68] 그녀에게 중요한 것은 남자와의 우연한 만남이 아니다. 왜냐하면 그녀는 이미 거기에 있다고 상정되는 사랑의 대타자에게 호소하기만 하면 되기 때문이다. 『세미나 20권』의 라캉에게 사랑은 우발적인 만남을 필요로 한다. 왜냐하면 만남이야말로 구조적으로 쓰일 수 없는 성적 비관계가 일시적이더라도 쓰이도록 만들기 때문이다. 그러나 영화에는 이런 일이 일어나지 않는다. 그녀는 대타자에게 도달하여 대타자와 일자를 이루는 한 가지 방식으로 파트너를 죽인다. 사랑의 대타자에 관한 그녀의 환상은 그녀로 하여금 환상적인 동시에 파괴적인 형태로 성관계를 상연하게 만든다. 요컨대 〈감각의 제국〉은 바디우적인 사랑의 절대성이 라캉적인 성관계의 일자에 직면하는 과정을 보여준다.

이런 점에서 바디우가 절대성의 장소 V를 "진리Vérités"의 이니셜로 여기는 동시에 "진공Vacuum"의 이니셜로 여기는 대

68 Lacan, *SXXIII*, p. 108.

목에 주목하자. 이것은 우리의 논점에서 중요하다. 진리로서의 V를 고찰하기 위해서는 바디우만으로 충분하지만, 진공으로서의 V를 고찰하기 위해서는 바디우는 라캉에 의해 보충되어야" 하기 때문이다. 철학적으로 볼 때 우리는 절대적인 진리로서의 사랑에 충실할 수 있고 또 충실해야 한다. 그러나 우리는 진공에 빨려 들어가고 포획되는 위험에도 항구적으로 노출되어 있다. 영화의 여주인공처럼 말이다. 진리의 절대성을 사유하는 것은 중요하지만 거대한 진공을 미숙하게 다룰 경우 누구라도 진공에 의해 삼켜질 수 있다. 둘의 무대가 유지되는 것은 거대한 진공이 자아내는 하나되기의 매혹에 빠지지 않는 한에서다. 『세미나 25권』에서 라캉은 성관계가 공집합에 부합한다고 말한다.[69] 이를 약간 변형시켜 우리는 환상적인 형대 속에서의 성관계는 공집합이라기보다는 오히려 진공이라고 말할 것이다. 그것은 하나되기에 대한 치명적인 유혹을 통해 주체를 무화시킬 수 있는 블랙홀과 같다. 둘 사이의 거리를 말소하고 융합적인 하나가 되는 성관계에서 연인들은 상대의 파괴적인 주이상스와 함께 진공의 블랙홀에 압도된다. 여기서 사랑은 주체를 무화시키고 동반 자살 혹은 살인을 통해서만 이룰 수 있는 그 무엇이 된다. 이런 점에서 성관계는 (성적 비관계와 더불어) 사랑-진리의 절대성이 유념해야 할 또 다른 지점으로, 바디우적 사랑은 성관계가 유발하는 진공의 유혹에 굴복하지 않는 법을 배워야 할 필요가 생긴다. 요컨대 라캉적 관점에 의해 보충된 바디우적 절대성은 다음의 사실을 해명해준

---

69 Jacques Lacan, *Seminar XXV: The Moment to Conclude*, 1977년 11월 15일 수업(미출간).

다. 연인들은 사랑의 진리의 힘을 충실하게 무한으로 확장시키는 내기에 관여하는 한편, 성적 비관계의 구멍과 씨름할 뿐만 아니라 본질적으로 성관계의 진공에 빠질 위험을 감수해야 한다.

지금까지 논의한 다섯 가지 쟁점의 결론을 요약해보자. 첫째, '라캉적 유한 vs 바디우적 무한'이라는 도식화는 거부되어야 한다. 둘째, 바디우에게 무의식과 분석 작업은 유한과 무한의 변증법과 관련된다. 셋째, 라캉은 바디우에게 작품과 찌꺼기가 이항 대립적인 것이 아니라 상호 보충적임을 제안한다. 넷째, 라캉과 바디우 모두에게 사랑은 비관계와 둘의 뒤얽힘이다. 다섯째, 바디우적 사랑의 절대성은 절대성 고유의 실재에 부딪히는데, 여기서 사랑은 성관계의 진공 안에서 하나가 되려는 유혹을 경계해야 하는 과제를 떠맡게 된다.

그렇다면 이 다섯 가지 논점을 포괄할 수 있는 개념이 있을까? 필자가 보기에 그것은 '노고'다. 바디우에게 사랑이 노고인 까닭은 사랑이 숭고한 것도 비천한 것도 아닌 내재적 둘을 구축하는 과정이기 때문이다. 그러나 노고로서의 사랑은 바디우가 생각하는 것보다 훨씬 더 중대한 함축을 갖는다. 사랑은 어떤 점에서 노고일까? 사랑은 무의식이라는 유한한 동시에 무한한 까다로운 지식에 영향을 받으면서 진리를 향해 나아가는 과정이다. 사랑은 무한의 수동적인 잔여인 찌꺼기를 계속 처리해가면서 무한의 능동적 효과인 작품을 창작하는 절차다. 사랑은 비관계의 한계와 씨름하면서 독특한 둘을 창설하려는 몸짓이다. 그리고 사랑은 하나가 되는 성관계라는 진공의 매혹에 빠져들지 않으면서 공백과 다수를 무한에 연결시키는 절대적인 힘이다.

사랑의 노고amorous labor는 우리 모두가 알고 있는 사랑에 관한 단순한 진실을 함축한다. 그것은 사랑 고유의 고통과 사랑 고유의 행복 모두 사랑의 노고에서 나온다는 점이다. 사랑은 두 개인의 무의식적 구조 간의 무한한 차이에 대한 조정을 요구하기에 고통스럽지만 둘이라는 순수한 차이가 진리의 무한에 도달하는 행복한 노고다. 이런 까닭에 사랑의 노고는 그 수고스러움에도 불구하고 좋아서 기꺼이 하는 일labor of love일 수 있다. 사랑의 노고는 실재를 헤쳐나가는 말더듬 행위이면서 진리를 구축해나가는 절뚝거리는 발걸음이다.

사랑의 노고는 사랑의 절대성과 사랑의 행위자에 대해 새로운 접근을 요구한다. 사랑의 절대성에 대해 말하자면, 그것은 바디우가 말하듯 작품에만 속하는 것이 아니다. 바디우에게 있어서 작품과 찌꺼기를 구분하는 기준은 지표다. 지표가 작품이 유한성에 함몰되는 것을 방지하고, 작품을 아카이브로 환원되는 것을 차단하며, 작품이 절대성에 닿도록 인도하기 때문이다. 그러나 위에서 살펴봤듯 작품과 찌꺼기 간의 구분은 흐릿해질 수 있으며, 따라서 지표만이 사랑의 절대성을 보증하는 것은 아니다. 사랑의 진정한 절대성은 바디우의 논의에서 직접적으로 표명되지는 않지만 거기에 미묘하게 함축되어 있기에 우리가 확장시킬 수 있는 논점, 즉 **작품과 찌꺼기의 변증법이 노고로 출현하는 데 있다**. 바디우가 유한과 무한 간의 특정한 변증법을 통한 작품의 창조를 주장할 때 사랑은 작품과 찌꺼기의 탈전체화된 변증법을 통한 노고의 실천이다. 여기서 작품과 찌꺼기 간의 변증법이 작용하는 공간을 초-절대성superabsoluteness의 사이-공간이라 부르자. 사랑의 작품이 절대성의 지표에 의해 기입되어 있다면, 사랑은 절대성으로 환원될 수 없고 절대성에 의해 길들여질 수 없다. 큰 기수의 이론에서 초콤팩트 기수가 콤팩트 기수 뒤에 이어지듯, 사랑은 절대성의 지표를 품은 진리 너머에서 초-절대적인 영역을 개방한다. 그러나 초콤팩트 기수가 콤팩트 기수를 유한화하는 반면, 사랑의 초-절대성은 절대성을 포용한다.

그러므로 사랑에는 절대성의 지표만 있는 것이 아니라 초-절대적 노고도 있다. 관건은 헤겔이 말하듯 절대성이 우리 주변에 있는 게 아니라는 데 있다. 우리에게는 초-절대적 노고에 헌신할지 여부를 선택할 권리가 있다. 그리고 노고에 헌신하기로 선택해 비인간적 심연을 견디고 형이상학적 행복을 누리는 자는 그렇지 않은 자 혹은 그런 경험이 없는 자로부터 완전히 동떨어져 있다(절대성의 어원은 '동떨어짐'임을 상기하자). 그는 진리의 절대성에서 일탈하고 마는 기인棄人이자 초-절대성의 영역을 서성거리는 기인畸人이다. 또 절대성이 놓여남을 뜻한다는 점에 주목하자. 생화학적 메커니즘, 결혼의 의무, 낭만적인 코드, 사회정치적 이데올로기는 사랑이 결코 자유롭지 않음을 뜻하는 반면, 사랑의 노고는 사랑하는 이가 절대적으로 놓여나 있음을 보여준다. 사랑하는 이는 자신이 무엇으로부터 벗어나 있는지 식별하거나 인식할 수 없는 방식으로 놓여나 있다. 왜냐하면 그는 자신이 자유로워질 수도 없고(노고가 사랑 자체를 구성하며 노고 바깥에서 사랑은 존재하지 않기에) 구속될 수도 없는(결혼의 의무에도 불구하고 사실상 그 어떤 것도 우리를 사랑의 노고에 묶어둘 수는 없기에) 기이한 노고에 전념해 있기 때문이다. 사랑하는 이는 단순히 절대적인 진리에 기입되어 있는 것이 아니다. 그는 절대성에 의해서조차 제약되거나 한정될 수 없다는 점에서 초-절대적으로 놓여나 있다.

그렇다면 그는 어떤 유형의 행위자일까? 라캉은 사랑의 주체란 없고 사랑의 희생자만 있을 뿐이라고 말한다. 그에게 사랑은 성관계라는 진공의 블랙홀이 유발하는 상처이기 때문이다. 반면 바디우는 인간 동물의 성욕을 진리의 몸을 통해 변형시키는 사랑의 주체라고 말한다. 그에게 사랑은 성의 유한성으로 환원되지 않는 둘의 무한성을 구축하는 것이기 때문이다. 그러나 사랑의 초-절대성에 어울리는 것은 사랑의 희생자나 주체가 아니다. 그것은 오히려 사랑의 장인匠人이다. 오직 사랑의 장인만이 최고의 작품chef d'œuvre에 심혈을 기울일 줄 아는 만큼이나 조각난 사랑의 잔해를 따스하게 포용할 줄 안다. 그것이 곧 사랑의 노고에 담긴 초절대성이 그에게 허락한 초절기교이기 때문이다. 이러한 초절기교는 사랑하는 이가 삶에서 체화한 노고를 통해서 일상적으로 드러나지만 결코 완전히 드러나지는 않는다. 사랑의 노고란 너무나 비근한 현상인 동시에 끝내 불투명한 신비이기 때문이다.

이런 점에서 사랑에 관한 이론 및 실천에서 중요한 것은 라캉으로 바디우를 보충하는 데 있을 뿐만 아니라 라캉과 바디우의 뒤얽힘을 표명하는 데 있다. 바디우에게는 찌꺼기와 작품 간의 엄밀한 구분이 중요하지만 필자가 보기에 사랑은 찌꺼기와 작품의 구분 가능성에 선행한다. 바디우에게 관건은 유한성의 이데올로기에 저항하는 것이지만 필자가 보기에 관건은 사랑의 장인의 경험으로 되돌아가는 것이다. 단순히 현상학적이거나 경험적인 차원이 아니라 라캉과 바디우가 공통으로 중시하는 논리적 형식화를 통해, 그리고 그러한 논리적 형식화의 한계가 드러나는 지점을 통해서 말이다.

아드리언 존스턴Adrian Johnston에 따르면, 1950년대에 상징계의 우위를 주장하는 구조주의적 라캉이 있고, 1960년대부터 1970년 중반까지 상징계 내부의/너머의 실재를 중시하는 후기 라캉the later Lacan이 있다면, 1976년 이후의 최종 라캉the final Lacan은 상상계와 상징계로 구성되는 현실reality과 실재the real의 뒤얽힘을 선언한다. 의미가 비워진 실재에 대한 형식화된 사유를 극단으로 밀고 나간 시점에 라캉은 보편적 망상(모든 이는 저마다의 방식으로 자기 생각에 갇힌 채 망상적이다)의 임상을 지적하고, 수학 역시 일종의 상상적 산물임을 지적한다. 존스턴이 말하듯, "상상적이고 상징적인 현실의 의미는 의미 없는 실재에서 유래하지만, 나중에는 실재에 대해 상대적인 자율성을 가지며, 실재 자체가 역으로 현실의 의미에 영향받고 그로 인해 동요한다."[70] 그리고 우리가 보기에 사랑이야말로 실재와 현실의 뒤얽힘이다. 사랑은 상상적 의미작용과 상징적 질서 너머의 실재에 대한 형식적 사유와 급진적 경험을 가능하게 하는 동시에 상상적 의미작용과 상징적 질서에 대한 지성적 성찰과 실천적 개입을 필요로 하기 때문이다. 그런데 사랑 및 현실과 실재의 뒤얽힘은 최종 라캉까지 가기 전에 이미 드러난다. 가령 『세미나 11권』에서 라캉의 마지막 발언을 보자. "분석가의 욕망은 (…) 절대적 차이를 획득하고자 하는 욕망이지요. 오직 거기서만 한계 없는 어떤 사랑의 의미효과가 나타날 수 있습니다. 왜냐하면 그것은 법의 한계들을 넘어서

---

70 Adrian Johnston, 'Lacan's Endgame: Philosophy, Science, and Religion in the Final Seminar,' *Crisis & Critique*, 6 (2019), p. 156.

있기 때문이지요. 사랑이 살 수 있는 곳은 그곳뿐입니다."[71]

라캉이 말하는 "그곳"은 어디인가? 그곳은 분석가의 욕망이라는 특수한 프레임으로 바라본 사랑의 위상학적 장소다. 여기서 상상계·상징계·실재는 보로메우스적으로[72] 뒤얽혀 있다. 먼저 분석가의 욕망은 상징계가 구현하는 절대적 차이를 겨냥한다. 이로 인해 분석자는 상상계가 구현하는 사랑의 의미효과를 통해 전이의 영역에 진입한다. 그런데 사랑은 의미효과와 관련되기 때문에 상상적일 뿐만 아니라 법의 한계들을 넘어서 있기 때문에 실재적이기도 하다. 이런 점에서 라캉이 사랑이 살 수 있는 곳을 '그곳'으로 지칭하는 것은 아이러니하다. 왜냐하면 사랑은 실재와 현실의 뒤얽힘을 유발할 정도로 무장소적인atopical 성격을 갖기 때문이다. 베케트가 「어떻게 말할까」에서 보여준 무한에 대한 광기 어린 욕망을 원용해서 말해보자. 사랑은 '그곳'에 없다. 우리는 그저 이렇게 말할 수 있을 뿐이다. "사랑은 그……."

그렇다면 라캉과 바디우의 뒤얽힘을 통해 바라본 사랑은 어떤 것일까? 독일 철학자 요하네스 피히테Johann Gottlieb Fichte, 1762~1814의 다음 구절을 떠올려보자. 사랑이란 "전혀 알지 못하는 어떤 것을 향한 욕망이고, 그것의 실존은 오직 그것을 향한 욕구에 의해서만, 어떤 불편함에 의해서만, 무엇이든지 간에 그것을 채울 수 있는 것을 탐색하지만 끝내 그것이 어디에서 실현될지 알지 못한 채로 남아 있는 공백에 의해서만 드러난

71 자크 라캉, 『세미나 11』, 415쪽.

72 세 가지 차원으로 이루어진 구조에서 단 한 가지 차원만 누락되어도 전체 구조가 무너지는 방식을 말한다.

다."[73] 여기서 피히테가 말하는 사랑은 비대상적이고 무한을 향한다는 점에서 바디우적이다. 그러나 동시에 그것은 욕망과 관련되고 불편함과 공백에 의해 드러난다는 점에서 라캉적이다. 피히테적 사랑이 관념적으로 바캉적(라캉적이면서 바디우적)이라면, 문학적으로 바캉적인 사랑의 형상도 있다.

> 호수의 위쪽, 작은 배를 타고, 물가 근처를 떠다니다가 조금씩 멀리 나가 물결치는 대로 내버려둔다. 그녀는 팔베개를 하고 눈을 감은 채 배 바닥에 누워 있었다. 빛나는 태양과 바람 한 줌, 딱 내가 좋아하는 만큼만 찰랑거리는 물. 나는 그녀의 허벅지에 난 상처를 발견하고 그녀에게 어쩌다가 생긴 거냐고 물어보았다. 구스베리 열매를 따다가, 라고 그녀가 내게 대답했다. 나는 또 그녀에게 희망이 없어 보이니 이런 상태로 계속할 필요는 없다고 말했고 그녀는 눈을 뜨지 않은 채 그렇다고 표시했다. 나는 그녀에게 나를 봐 달라고 부탁했고 잠시 후 (…) 잠시 후 그녀는 그렇게 했지만, 태양 때문에 그녀의 눈은 갈라진 틈 같았다. 나는 그녀의 눈이 그늘 속에 들도록 그녀 쪽으로 몸을 숙였고 눈이 떠졌다. 나를 들어오게 해 줬다. 우리는 갈대들 사이로 흘러 들어갔고 배는 멈춰 버렸다. 갈대들이 뱃머리에서 한숨을 쉬며 어찌나 흐느적거리던지! 나는 그녀 위로 스며들어 내 얼굴이 그녀의 젖가슴 속에 파묻히고 내 손은 그녀 위에 놓였다. 우리는 움직이지 않

---

73 Denis de Rougemont, *Love in the Western World*, trans. Montgomery Belgion, Princeton: Princeton University Press, 1983, pp. 219~220에서 재인용.

고 그렇게 누워 있었다. 하지만 우리 아래로는 모든 게 움직였고, 위에서 아래로, 여기저기로, 부드럽게 우리를 움직이고 있었다. We lay there without moving. But under us all moved, and moved us, gently, up and down, and from side to side.[74]

이 구절은 크랩Krapp이라는 어떤 성마른 노인이 자신의 삶의 여정이 녹음된 테이프를 듣던 도중 우연히 다시 마주한 사랑의 장면을 서술한 것이다. 바디우는 이 구절에 대해 두 가지 독해를 제안한다. 한 가지 독해에 따르면 관건은 주체의 기억에 내재된 타자성의 힘과 각성의 가능성이다. 비록 이제 늙어버린 크랩이지만 그의 삶에는 젊은 시절에 만난 타자성의 흔적이 새겨져 있고, 나아가 현재의 고독하고 초라한 삶과는 다른 종류의 삶(사랑의 삶)의 가능성이 환기된다.[75] 또 다른 독해에 따르면 관건은 물의 열림, 절대적 시점의 다수, 그리고 사랑이 그 종식의 언표 속에서조차 감각적인 것의 무한을 제안한다는 사실이다.[76] 희망이 없고 끝장난 관계를 지속할 필요가 없다는 말이 오가는 시점에 연인들은 움직이지 않고 있지만, 동시에 그들은 그들 아래에서 움직이는 만물에 의해 움직이고 있는 것이다. 마치 아리스토텔레스의 부동의 동자the Unmoved Mover(그 자신은 움직이지 않으면서 다른 사물을 움직이는 자)나 바디우의 실체 V에 대한 문학적 형상화를 보는 듯하다. 사

74 알랭 바디우, 『베케트에 대하여』, 서용순·임수현 옮김, 민음사, 2013년, 138~139쪽.

75 같은 책, 139쪽.

76 알랭 바디우, 『조건들』, 477쪽.

랑은 그것이 종결될 것 같은 위기와 한계 지점에서조차 어떤 역설적인 시공간성을 가능하게 하며, 연인들은 여기서 부드러운 물결처럼 자유롭게 놓여난다.

우리의 논의에서 중요한 점은 베케트가 바캉적인 사랑의 형상, 즉 그 구조적 한계와 절대적 흔적 안에서의 사랑을 제시한다는 것이다. 크랩의 마지막 대사를 희곡의 구조 안에서 읽어냄으로써 이 점을 해명해보자. 희곡의 끝에서 크랩은 말한다. "아마도 내 최고의 나날들은 지나갔을 것이다. 그때는 행복의 기회가 있었다. 하지만 나는 그날들이 돌아오기를 원하지 않는다. 지금 내 안에 불길이 있으니. 그래, 나는 그날들이 돌아오기를 원하지 않는다." 혹자는 현재의 크랩이 테이프를 듣는 괴팍한 실천에 빠져든 반면, 문제의 사랑의 장면은 크랩의 최고의 나날들에 속한다고, 그리고 그때 크랩에게 행복의 기회가 있었다고 말할지도 모른다. 그러나 사랑의 장면과 다시 마주하는 것은 너무나 강렬한 경험이고, 이것은 크랩의 고독 속으로 철저히 침투해서 그의 내면에 불길을 일으키고 만다. 사랑의 장면이 환기하는 이러한 흔적, 즉 사랑의 화염을 사건적으로 부활시키는 이러한 흔적은 스피노자적-바디우적인 진리의 지표와 같다. 진리는 자기 자신과 거짓의 지표다verum index sui et falsi. 진리는 진리와 거짓의 대립에 선행하고 진리와 거짓 모두의 잣대가 된다. 이와 유사한 맥락에서 우리는 단순히 크랩이 예전에는 사랑 안에 있었는데 지금은 고독 속에 있다고 말할 수 없다. 오히려 크랩의 과거와 현재는 지울 수 없는 사랑의 장면에 각인되어 있고, 예측 불가능한 방식으로 언제든 다시 각인될 수 있다. 따라서 그에게는 사랑이 그 절대적 흔적 안에 머문다는 사실만으로도 충분하다. 그렇기에 "그는 그날들이 돌아오기를 원하지 않는다."

크랩이 무작위로 테이프를 조작함에도 희곡이 진행되는 가운데 사랑의 장면이 녹음된 부분을 계속 듣게 된다는 부분을 또 다른 관점에서 읽어보자. 어떤 점에서 이 장면은 라캉적 실재와 같다. 실재가 같은 곳으로 늘 되돌아가는 것으로 정의되는 한에서 말이다. 앞으로도 크랩은 이 사랑의 장면에 증상적인 방식으로 저항 불가능하게 사로잡혀 있을 것이다. 사랑은 오직 그 상실을 통해서만 발견되고 재발견된다. 여기서 라캉이 프로이트적 충동의 목표Ziel를 두 가지로 구분한다는 점에 주목하자. 충동의 목적goal이 생식이라면, 충동의 목표aim는 상실된 대상 주변을 맴도는 운동 그 자체다. 크랩 역시 생물학적 욕구의 만족을 넘어서 탈자연화된 충동의 구멍을 맴돌 것이며, 자신이 무엇과 관련되는지 알지 못한 채로 사랑의 어긋난 만남la rencontre manquée으로부터 주이상스를 끌어낼 것이다. 죽은 충동이 죽음에 대한 병리적 집착이 아니라 결코 소멸될 수 없는 순수한 지속이라면, 사랑의 장면은 죽음 충동이 갖는 과도한 불멸성을 환기한다. 따라서 이 장면은 크랩의 주체성이 갖는 구조적 한계에 해당한다. 이렇게 읽을 때 "그가 그날들이 돌아오기를 원하지 않는" 것은 사랑의 상실이 악마처럼 반복적으로 그를 괴롭히기 때문이다. 요컨대 크랩의 발언은 바디우적 독해와 라캉적 독해 모두를 가능하게 함으로써 사랑에 관한 바캉적 형상을 뒷받침한다. 사랑은 그 구조적 한계에서 침몰하고 그 절대적 흔적에서 존속하는 것이다.

라캉과 바디우 사이에 있는 이러한 사랑의 모호성에 대해 다음과 같은 공식을 제기해보자. 바캉적인 사랑은 하나의 난관impasse이자 통과passe로 드러난다. 『세미나 22권』에서 라캉은 이렇게 말한다. "따라서 사랑은 소중합니다! 사랑은 드물게 실현되고, 우리 모두가 아는 것처럼, 잠시 동안만 지속되지만, 그럼에도 사랑은 본질적으로 벽의 파열fracturer le mur로 이루어집니다. 우리는 그 벽에 부딪혀 이마에 혹이 생길 수밖에 없지만 말입니다."[77] 라캉에게 사랑의 소중함·희귀함·덧없음은 사랑이 곧 사랑 고유의 난관을 깨트리려는 시도라는 사실에 결부된다. 그러나 그 난관은 결코 손쉬운 탈출구를 허용하지 않는다. 사랑의 벽을 돌파하려는 시도는 무엇이든 이마의 혹이라는 상처를 유발한다. 여기서 사랑은 '통과할 수 없는 난관impassable impasse'으로 나타난다. 한편, 바디우에게 관건은 단순히 벽의 파열이 아니라 유한성에 근거한 상대주의와 회의주의 너머를 지향하면서 벽을 뛰어넘는 것faire le mur이다. 사랑의 작품을 만드는 자는 벽을 회피하기 위해 기성 규범에 의존해서는 안 되고 벽 안에 갇혀서도 안 된다. 사랑은 그 한계와 규범 너머에서 무한에 닿을 수 있다. 사랑은 이마에 난 상처에도 불구하고 사랑 고유의 난관에 맞서서 절대성의 지표를 간직한다. 이때 사랑은 결코 '흔들리지 않는 통과impassible pass'로 나타난다. 그렇다면 우리는 라캉과 바디우의 뒤얽힘을 통해 다음과 같은 공식을 얻을 수 있다. 사랑은 통과할 수 없는 난관과 흔들리지 않는 통과 사이에 있다Love is between an impassable impasse and an impassible pass.[78]

결론을 맺자. 바디우에 따르면 사랑은 유한과 무한의 변증

---

77 Lacan, *SXXII*, 1975년 1월 21일 수업(미출간).

78 여기서 필자는 『라캉, 사랑, 바디우』의 끝부분에서 제기한 공식을 반복했다.

법을 통해 작품을 창조하는 절대성의 여정이다. 이 책에서 우리는 『진리의 내재성』의 순서에 따라 그 여정을 살펴보았다. 그러나 바디우가 라캉에 의해 보충될 뿐만 아니라 바디우와 라캉의 뒤얽힘이 정교해지면서 우리는 『진리의 내재성』이 제기하는 사랑 너머로 나아갔다. 이제 우리는 사랑이 둘과 비관계, 진리와 구멍, 절대성과 진공, 작품과 찌꺼기, 난관과 통과 사이에서 명멸하는 것을 본다. 여기서 사랑은 통합의 에로스가 아니라 간극의 방황이다There is no eros of integration, but rather an errancy of interstice. 나아가 사랑은 진리의 절대성이 포괄하지 못하는 초-절대성의 영역을 품는다. 이 영역에서 사랑의 장인은 사랑의 주체와 사랑의 희생자 사이에 비스듬히 서 있다. 그는 사랑이 무한한 주체적 세계를 구축하도록 혼신의 힘을 다하는 가운데 불발된 사랑의 부스러기더미를 그 무엇보다 소중히 여긴다. 우리는 이 장인이 때때로 탈진함에도 불구하고 결코 자신의 노고를 마다하지 않으면서 나지막하게 읊조리는 것을 듣는다. 그는 말한다.

이제 사랑은 초-절대적 간극에 대한 온전한 사면이어라Let love become an integral absolution for the superabsolute interstice.

참고문헌

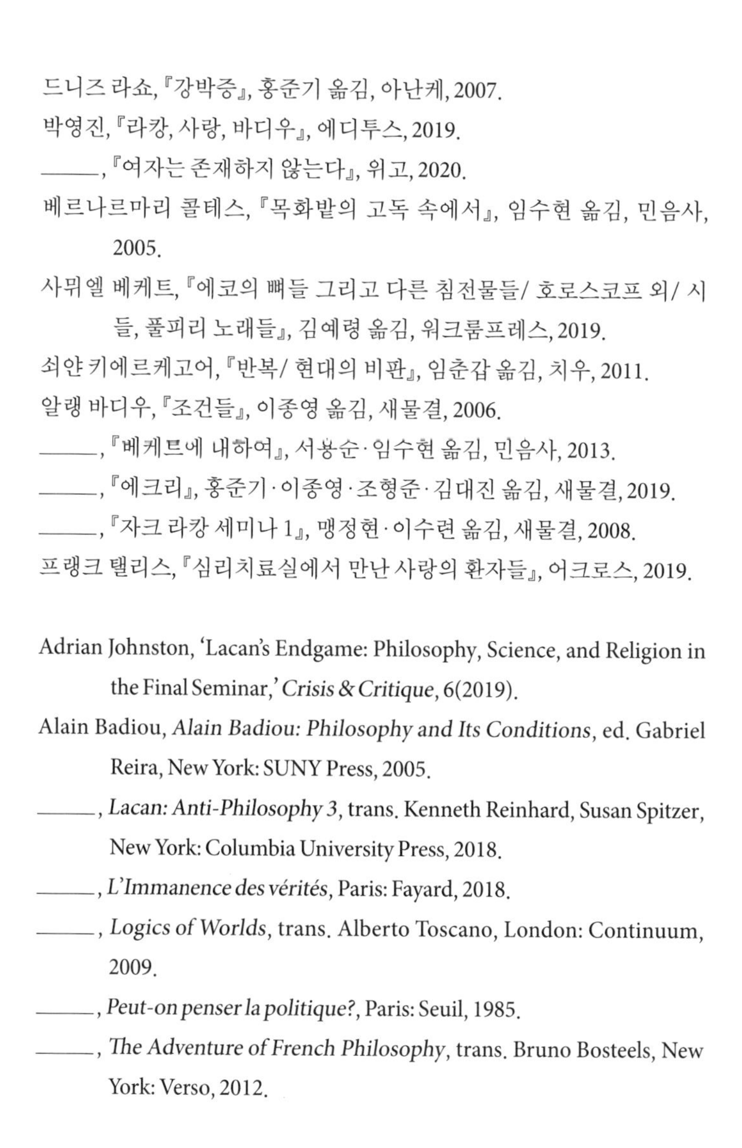

드니즈 라쇼, 『강박증』, 홍준기 옮김, 아난케, 2007.

박영진, 『라캉, 사랑, 바디우』, 에디투스, 2019.

———, 『여자는 존재하지 않는다』, 위고, 2020.

베르나르마리 콜테스, 『목화밭의 고독 속에서』, 임수현 옮김, 민음사, 2005.

사뮈엘 베케트, 『에코의 뼈들 그리고 다른 침전물들/ 호로스코프 외/ 시들, 풀피리 노래들』, 김예령 옮김, 워크룸프레스, 2019.

쇠얀 키에르케고어, 『반복/ 현대의 비판』, 임춘갑 옮김, 치우, 2011.

알랭 바디우, 『조건들』, 이종영 옮김, 새물결, 2006.

———, 『베케트에 내하여』, 서용순·임수현 옮김, 민음사, 2013.

———, 『에크리』, 홍준기·이종영·조형준·김대진 옮김, 새물결, 2019.

———, 『자크 라캉 세미나 1』, 맹정현·이수련 옮김, 새물결, 2008.

프랭크 탤리스, 『심리치료실에서 만난 사랑의 환자들』, 어크로스, 2019.

Adrian Johnston, 'Lacan's Endgame: Philosophy, Science, and Religion in the Final Seminar,' *Crisis & Critique*, 6(2019).

Alain Badiou, *Alain Badiou: Philosophy and Its Conditions*, ed. Gabriel Reira, New York: SUNY Press, 2005.

———, *Lacan: Anti-Philosophy 3*, trans. Kenneth Reinhard, Susan Spitzer, New York: Columbia University Press, 2018.

———, *L'Immanence des vérités*, Paris: Fayard, 2018.

———, *Logics of Worlds*, trans. Alberto Toscano, London: Continuum, 2009.

———, *Peut-on penser la politique?*, Paris: Seuil, 1985.

———, *The Adventure of French Philosophy*, trans. Bruno Bosteels, New York: Verso, 2012.

______, *The Communist Hypothesis*, trans. David Macey and Steve Corcoran, London: Verso, 2010.
______, *The Incident at Antioch*, trans. Kenneth Reinhard, Susan Spitzer, New York: Columbia University Press, 2013.
______, *The Rebirth of History*, trans. Gregory Elliott, London: Verso, 2012.
______, "The Scene of Two," trans. Barbara P. Fulks, *Lacanian Ink* 21(2003).
______, *Theory of the Subject*, trans. Bruno Bosteels, London: Continuum, 2009.
______, 'Toward a New Thinking of the Absolute,' *Crisis & Critique*, Special Issue 1, 2014.
______, "Who is Nietzsche?" trans. Alberto Toscano, *Pli: The Warwick Journal of Philosophy* 11(2001).
______, "Alain Badiou on politics, communism and love," interview by Costas Mavroidis, trans. David Broder, Verso, 23 May 2016.
______, "Badiou's Happiness Lesson," interview by Nicolas Truong, trans. David Broder.
______, "Destruction, Negation, Subtraction: On Pier Paolo Pasolini," Graduate Seminar, Art Center of Design in Pasadena, UCLA, February 6, 2007.
______, "Eleven points inspired by the situation in Greece," trans. David Broder, Libération, 2015년 7월 8일 기사.
______, "Is the word 'Communism' forever doomed?"(Henry Street Settlement, Harry de Jur Playhouse, New York City, November 6, 2003).
Denis de Rougemont, *Love in the Western World*, trans. Montgomery Belgion, Princeton: Princeton University Press, 1983.
Jacques Lacan, *Autres écrits*, ed. Jacques-Alain Miller, Paris: Seuil, 2001.
______, *Écrits: The First Complete Edition in English*, trans. Bruce Fink, New York: Norton, 2006.
______, *Seminar I: Freud's Papers on Technique, 1953–1954*, ed. Jacques-

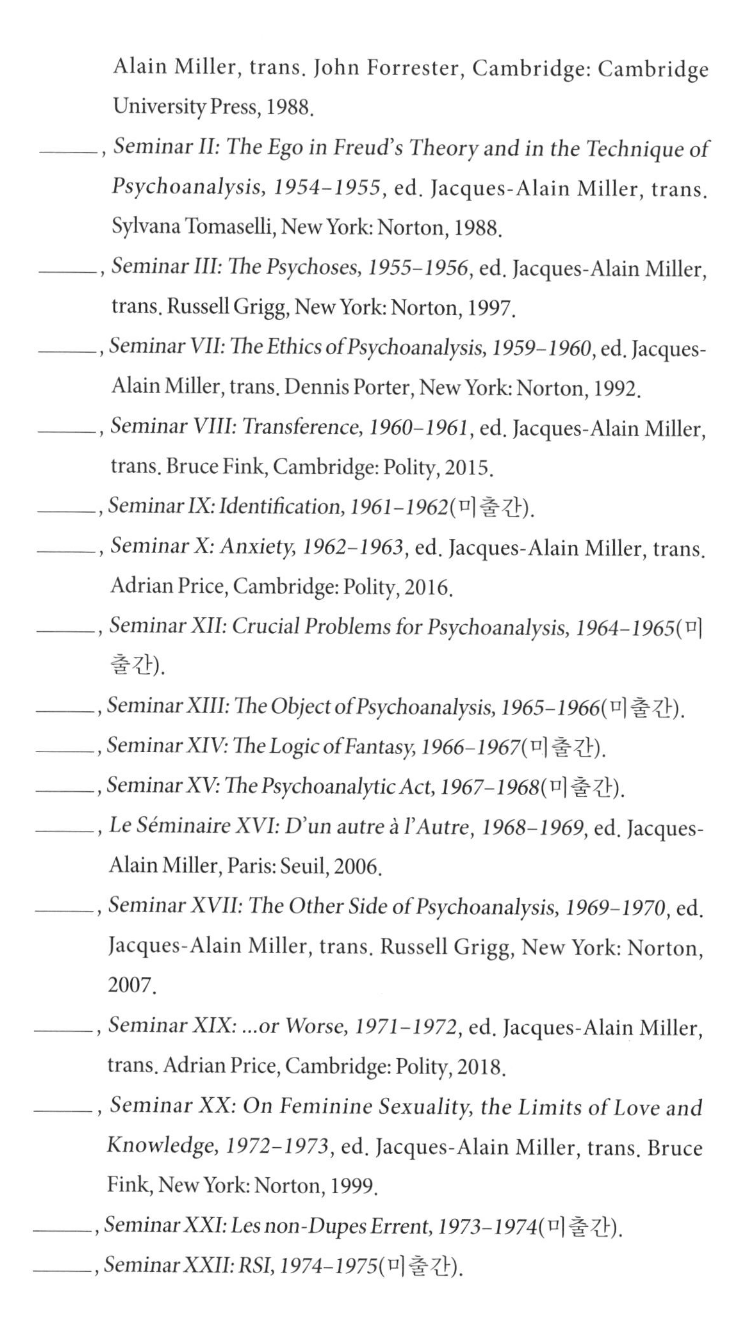
Alain Miller, trans. John Forrester, Cambridge: Cambridge University Press, 1988.

———, *Seminar II: The Ego in Freud's Theory and in the Technique of Psychoanalysis, 1954–1955*, ed. Jacques-Alain Miller, trans. Sylvana Tomaselli, New York: Norton, 1988.

———, *Seminar III: The Psychoses, 1955–1956*, ed. Jacques-Alain Miller, trans. Russell Grigg, New York: Norton, 1997.

———, *Seminar VII: The Ethics of Psychoanalysis, 1959–1960*, ed. Jacques-Alain Miller, trans. Dennis Porter, New York: Norton, 1992.

———, *Seminar VIII: Transference, 1960–1961*, ed. Jacques-Alain Miller, trans. Bruce Fink, Cambridge: Polity, 2015.

———, *Seminar IX: Identification, 1961–1962*(미출간).

———, *Seminar X: Anxiety, 1962–1963*, ed. Jacques-Alain Miller, trans. Adrian Price, Cambridge: Polity, 2016.

———, *Seminar XII: Crucial Problems for Psychoanalysis, 1964–1965*(미출간).

———, *Seminar XIII: The Object of Psychoanalysis, 1965–1966*(미출간).

———, *Seminar XIV: The Logic of Fantasy, 1966–1967*(미출간).

———, *Seminar XV: The Psychoanalytic Act, 1967–1968*(미출간).

———, *Le Séminaire XVI: D'un autre à l'Autre, 1968–1969*, ed. Jacques-Alain Miller, Paris: Seuil, 2006.

———, *Seminar XVII: The Other Side of Psychoanalysis, 1969–1970*, ed. Jacques-Alain Miller, trans. Russell Grigg, New York: Norton, 2007.

———, *Seminar XIX: ...or Worse, 1971–1972*, ed. Jacques-Alain Miller, trans. Adrian Price, Cambridge: Polity, 2018.

———, *Seminar XX: On Feminine Sexuality, the Limits of Love and Knowledge, 1972–1973*, ed. Jacques-Alain Miller, trans. Bruce Fink, New York: Norton, 1999.

———, *Seminar XXI: Les non-Dupes Errent, 1973–1974*(미출간).

———, *Seminar XXII: RSI, 1974–1975*(미출간).

______, *Seminar XXIII: The Sinthome, 1975–1976*, ed. Jacques-Alain Miller, trans. Adrian Price, Cambridge: Polity, 2017.

______, *Seminar XXV: The Moment to Conclude, 1977–1978*(미출간).

______, "Allocution prononcée au PLM Saint Jacques," 1980. 3. 18.

______, "Conclusions-Congress de L'École Freudienne de Paris," in *Lettres de l'École*, 1979, no. 25, Vol. II, p. 220.(1978. 7. 9).

______, "Conférence de Louvain suivie d'un entretien avec Françoise Wolff," in *Jacques Lacan parle*. www.youtube.com/watch?v=-HBnLAK4_Cc.

______, *Culture aux Journée d'études des Cartels in Lettres de L'École freudienne de Paris*, No. 18, April, 1976.

______, "Discours de Jacques Lacan à l'Université de Milan le 12 mai 1972," in *Lacan in Italia, 1953–1978: En Italie Lacan*, Milan: La Salamandra, 1978.

______, "Freud à jamais," interview by Emilia Granzatto in *Panorama*, November 21, 1974. www.versobooks.com/blogs/1668-there-can-be-no-crisis-of-psychoanalysis-jacques-lacan-interviewed-in-1974.

______, "Geneva Lecture on the Symptom," trans. Russell Grigg, *Analysis*, no. 1, Melbourne: Centre for Psychoanalytic Research, 1989.

______, *Joyce avec Lacan*, ed. Jacques Aubert, Paris: Navarin, 1987.

______, "La Troisième," given at the VII Congress of the EFP in Rome, 1974년 10월 31일. www.valas.fr/Jacques-Lacan-La-Troisième-en-français-en-espagnol-en-allemand,011.

______, "Lacan pour Vincenne!" *Ornicar?* 17/18, 1979.

______, "Les clefs de psychanalyse: Entretien avec Madeleine Chapsal," *L'Express 310*(May 31, 1957).

______, "Seconde lettre de convocation au forum," *Annuaire et textes statutaires 1982*.

______, *Talking to Brick Walls: A Series of Presentations in the Chapel at Sainte-Anne Hospital*, trans. Adrian Price, Cambridge: Polity,

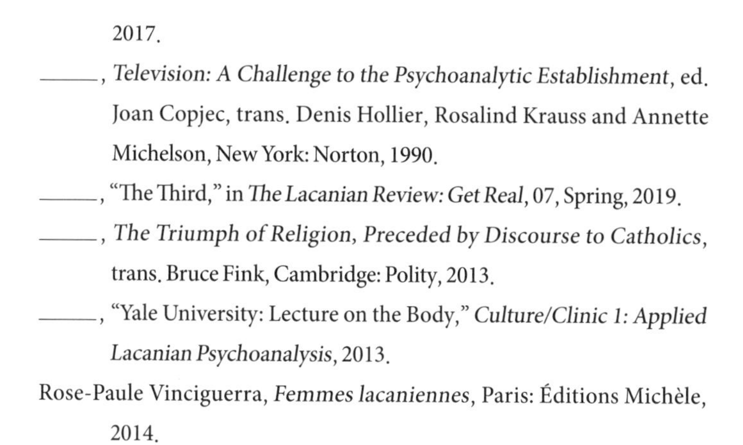

2017.

———, *Television: A Challenge to the Psychoanalytic Establishment*, ed. Joan Copjec, trans. Denis Hollier, Rosalind Krauss and Annette Michelson, New York: Norton, 1990.

———, "The Third," in *The Lacanian Review: Get Real*, 07, Spring, 2019.

———, *The Triumph of Religion, Preceded by Discourse to Catholics*, trans. Bruce Fink, Cambridge: Polity, 2013.

———, "Yale University: Lecture on the Body," *Culture/Clinic 1: Applied Lacanian Psychoanalysis*, 2013.

Rose-Paule Vinciguerra, *Femmes lacaniennes*, Paris: Éditions Michèle, 2014.

찾아보기

인명 및 작품명

용어

사랑, 그 절대성의 여정

알랭 바디우의 『진리의 내재성』 읽기

제1판 1쇄 2022년 12월 20일

지은이 박영진
펴낸이 연주희
편집 윤현아
펴낸곳 에디투스
등록번호 제2015-000055호(2015.06.23)
주소 경기도 성남시 분당구 황새울로351번길 10, 401호
전화 070-8777-4065
팩스 0303-3445-4065
이메일 editus@editus.co.kr
홈페이지 www.editus.co.kr

제작처 (주)상지사피앤비

가격 15,500원

ISBN 979-11-91535-08-2 (93100)